Isabell Zeidler

TRAUMKUSCHLER
für die Kleinsten

W0078261

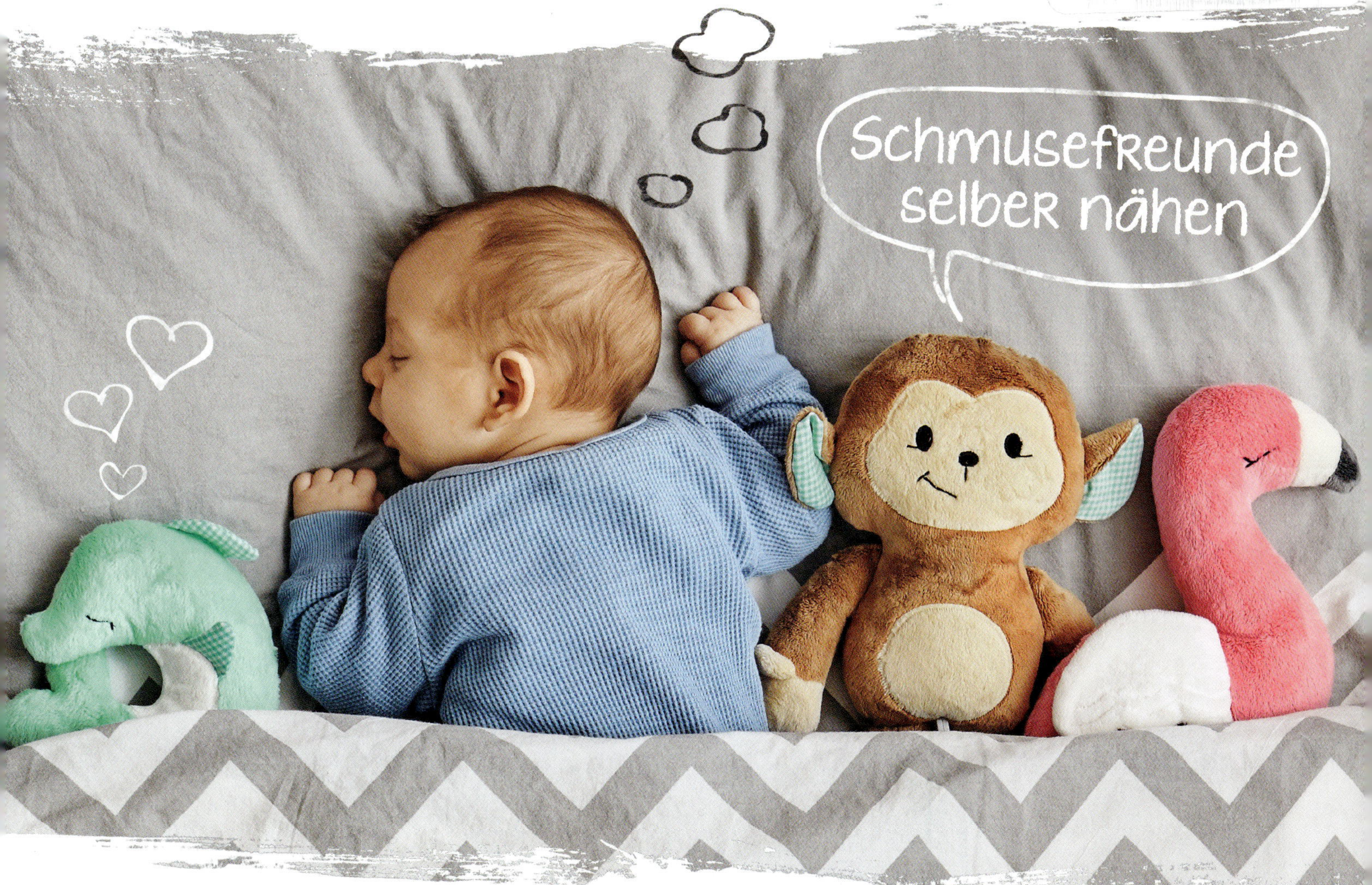
Schmusefreunde selber nähen

CV

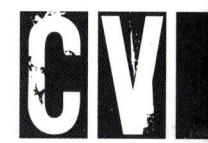

INHALT

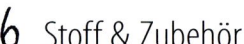

VORWORT

Ein niedliches Kuscheltier selber nähen?? Aber klar, das ist gar nicht so schwer, wie es im ersten Moment vielleicht scheint.

Aber warum ist es etwas so Besonderes, ein Kuscheltier zu nähen?

Kuscheltiere werden durch ihr liebevolles Aussehen, ihre Wärme und Weichheit schnell zu Freunden, Tröstern und Beschützern. Ein liebevoll gefertigtes Tierchen bleibt nicht selten über Jahre hinweg mit dem Kind verbunden. Fast könnte man meinen, dass die Liebe und Freude, die du beim Nähen hattest, sich auf das Tierchen überträgt und so beim Kind ankommt...

Ich selber finde den Moment, bei dem das Gesicht des Kuscheltiers entsteht, am schönsten. Es ist, als würde ihm damit eine Seele und ein besonderer Charakter verliehen.

Dieses Buch möchte dich mitnehmen in eine zauberhafte, bunte Nähwelt. Mit detaillierten Schritt-für-Schritt-Anleitungen begleitet es dich zu ganz allerliebsten Kuscheltieren. Da ist für jeden Anspruch etwas dabei – von kinderleichten bis hin zu etwas kniffligeren Modellen.

Leg einfach mutig los und näh ein knuddeliges Kuscheltier!

Ich wünsche dir viel Spaß beim Nähen und hoffe, dass Du dabei genauso viel Freude hast wie ich und vielleicht eine neue Leidenschaft entdeckst.

Stoff & Zubehör

Welchen Stoff kannst du verwenden?

Egal für welchen Stoff du dich entscheidest, in jedem Fall solltest du auf hochwertige Qualität achten, da daraus ja etwas für Kinder entstehen und gesundheitlich unbedenklich sein soll. Es gibt viele schöne Stoffe, die nach EN 71-3 schadstoffgeprüft (= spielzeugtauglich) sind.

Microfaserplüsch

1 Microfaserplüsch hat eine fellartig strukturierte Oberseite und eine glatt gewebte Unterseite. Auf die glatte Seite kannst du sehr gut die Schnittmuster zeichnen. Der Stoff lässt sich leicht verarbeiten. Es ist sehr wichtig, die Stoffteile gut zusammenzustecken.

Frottee

2 Frottee ist der typische Handtuchstoff. Er ist sehr saugfähig, fest und nicht elastisch. Er hat zwei strukturierte Seiten. Nach dem Waschen ist er oftmals etwas steif. Frottee lässt sich gut verarbeiten. Das Schnittmuster wird am besten mit Kreide auf den Stoff übertragen. Zum Nähen eine neue, nicht zu dünne Nähnadel verwenden. Bei mehreren Stofflagen langsam nähen. Frottee-Schnittkanten fransen leicht aus. Daher die Kanten, besonders die Stellen, an denen Ohren, Beine oder Schwanz festgenäht werden, zuvor mit einem Zickzackstich versäubern.

Nicki

3 Nicki ist ein sehr dehnbarer Stoff mit einer kurzflorigen Oberseite und einer glatt gewebten Unterseite, auf die sich das Schnittmuster gut übertragen lässt. Nicki rollt sich an den Schnittkanten gerne ein und ist daher nicht ganz so leicht zu verarbeiten. Die Stoffteile sollten gut gesteckt werden, da Nicki sich beim Nähen zudem gerne verzieht.

Baumwollplüsch

4 Baumwollplüsch ist ein sehr weicher, leicht dehnbarer Stoff. Der Stoff hat eine grobe, fellartig strukturierte Oberseite und eine glatt gewebte Unterseite. Auf die glatte Seite kannst du sehr gut die Schnittmuster zeichnen. Bei mehreren Stofflagen langsam nähen, da der Stoff durch die grobe Fellstruktur sehr dick ist.

Fleece

5 Fleece ist sehr weich und kuschelig. Ober- und Unterseite sind flauschig. Fleece ist meist in eine Richtung sehr dehnbar, was beim Zuschnitt unbedingt beachtet werden muss. Der Stoff lässt sich sehr gut verarbeiten. Bei mehreren Stofflagen langsam nähen.

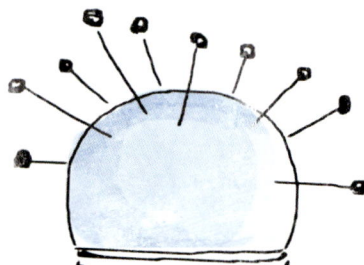

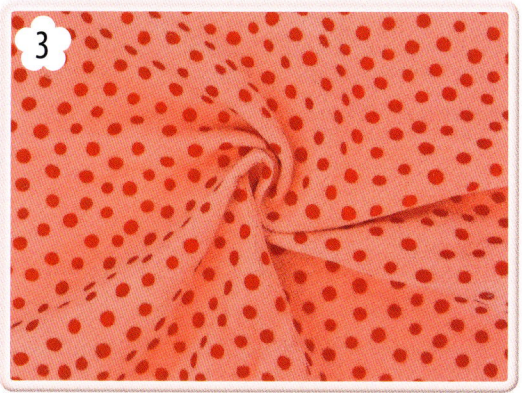

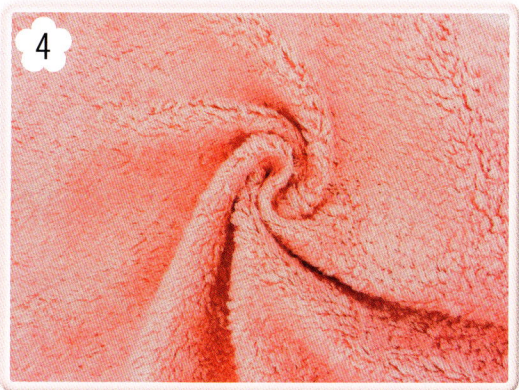

Welches Zubehör und Werkzeug sollten vorhanden sein?

Nähmaschine, es genügt ein einfaches Modell. Benötigt werden nur Gerad- und Zickzackstich.

Stoffschere in guter, scharfer Qualität.

Nähgarn in zum Stoff passender Farbe. Dabei auf hochwertige Qualität achten, da preiswertes Nähgarn unter Umständen nicht reißfest genug ist.

Nähnadel zum Schließen der Wendeöffnung.

Stecknadeln und Stoffklammern zum Fixieren der Stoffteile. Stoffklammern sind sehr praktisch um mehrere Stofflagen zu fixieren.

Sticktwist für Augen und Nasenlöcher.

Sticknadel mit großem Nadelöhr.

Transparentpapier zum Abpausen der Schnittmuster.

Markierstift, um das Schnittmuster auf den Stoff zu übertragen. Es gibt Kreideminenstifte oder selbstlöschende bzw. wasserlösliche Filz-Markierstifte oder auch normale Schneiderkreide.

Füllmaterial wie Bastel- oder Füllwatte. Es sollte maschinenwaschbar und trocknergeeignet sein. Polyester-Füllung lässt sich gleichmäßig stopfen und behält auch nach dem Waschen ihre „Fluffigkeit".

Rasseln und Quietscher zum Einlegen in das Kuscheltier.

Spieluhr, um einen ganz persönlichen Begleiter zu schaffen. Wie du eine Spieluhr einnähst, steht auf Seite 103, Punkt 15–19.

Näh-Basics

Strichrichtung/Fadenlauf

Wenn du die Schnittteile auf den Stoff überträgst, beachte die Strichrichtung des Stoffs. Der Pfeil auf dem Schnittmuster zeigt an, in welche Richtung der Flor glatt gestrichen wird. Bei Stoffen ohne Flor ist die Strichrichtung dem Fadenlauf gleichzusetzen. Jedes Gewebe besteht aus Kettfäden (längs) und Schussfäden (quer). Der Fadenlauf entspricht der Richtung der Kettfäden.

Schnitt übertragen

Die Schnittmuster werden auf dünnes Papier wie z. B. Kopierpapier, Butterbrotpapier oder Schnittmusterpapier abgepaust. Wichtig: Dabei alle Schnitt-Markierungen übertragen.

1 Schnittteil ausschneiden, auf die linke Stoffseite legen und mit einem Markierstift umranden.

2 Stoffteile werden mit einem gewissen Abstand zu den Schnittkanten, der so genannten „Nahtzugabe" zusammengenäht. Mit einem Handmaß, Maßband oder Lineal mit kleinen Strichen 1 cm für die Nahtzugabe rundum das Schnittmuster markieren.

3 Die Striche verbinden und das Stoffteil entlang dieser Linie ausschneiden.

Spiegelverkehrtes Schnittteil

Es gibt Schnittteile, die nicht symmetrisch sind. Damit hiervon zwei Teile zusammengenäht werden können, muss das Teil 1x seitenrichtig und 1x spiegelverkehrt zugeschnitten werden. Steht auf dem Schnittteil die Beschriftung: „4x (2x spiegelverkehrt)"

musst du das Schnittteil insgesamt 4x zuschneiden, davon 2x seitenrichtig und 2x spiegelverkehrt auflegen.

Ein seitenrichtiges und ein spiegelverkehrtes Teil lassen sich in einem Arbeitsschritt zuschneiden, indem du den Stoff rechts auf rechts doppelt legst, das Schnittteil auf die obere Lage zeichnest und dann beide Teile gleichzeitig ausschneidest.

Stecken

4 Plüschstoff, Nicki etc. sind aufgrund der Fellstruktur leicht rutschig und verziehen sich schnell. Daher die Stoffkanten gut aufeinander stecken. Stecknadeln stets quer zur Nährichtung stecken und diese beim Nähen erst kurz vor dem Nähfuß herausziehen.

Nähen

Nähe auf der Kontur-Linie (= Nahtlinie) mit kleinem Geradstich. Ansatznähte von Teilen wie Ohren, Armen, Beinen, Flügeln etc. werden besonders stark beansprucht. Daher für diese Nähte einen Dreifach-Geradstich verwenden oder alternativ 2-3x mit Geradstich dicht nebeneinander nähen.

Nahtzugaben

5+6 Die Nahtzugabe wird nach dem Zusammennähen der Teile bis auf ca. 5 mm vor die Naht zurückgeschnitten. Jedoch nicht an den Wende-/Füllöffnungen. Hier wird sie benötigt, um die Öffnung zu schließen. An Rundungen die Nahtzugaben in gleichmäßigen Abständen mehrmals quer, bis knapp vor die Naht einschneiden, damit der Stoff sich nach dem Wenden sauber in die Rundung legen kann. An Ecken oder Vertiefungen die Nahtzugabe quer, bis knapp vor die Naht einschneiden. An Spitzen bis knapp vor die Naht quer wegschneiden.

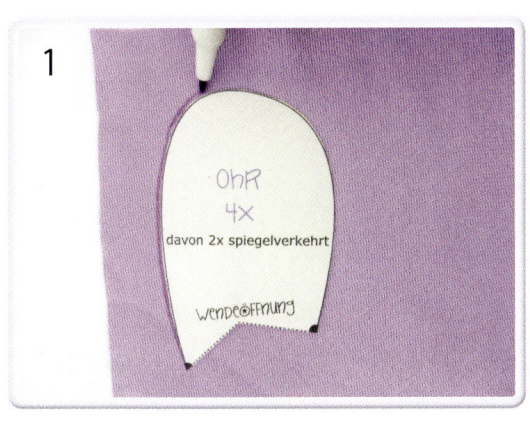

1

OhR
4x
davon 2x spiegelverkehrt

WendeÖffnung

2

3

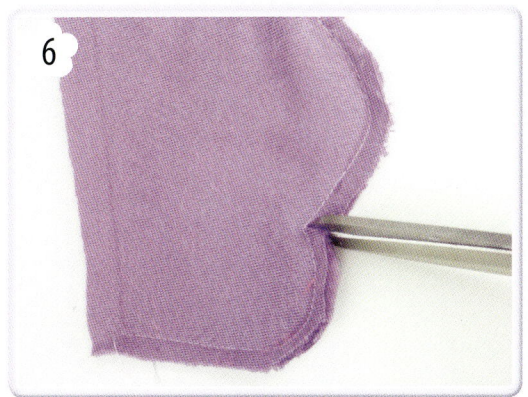

4

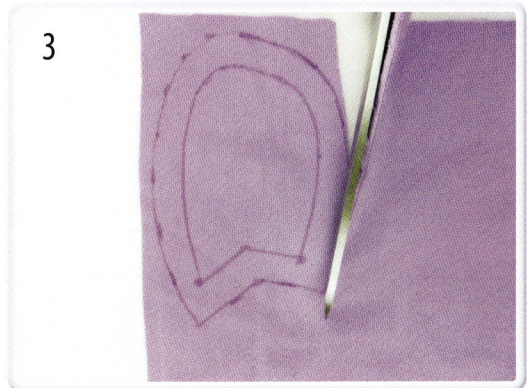

5

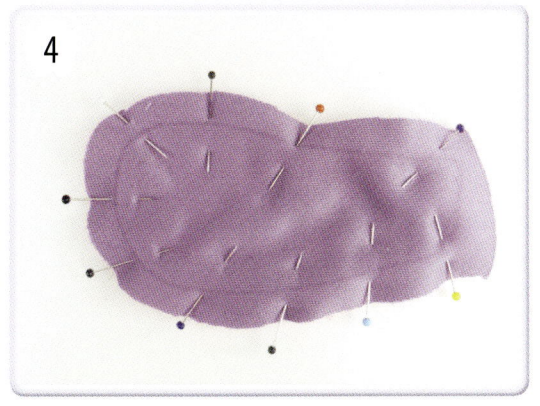

6

Wende- und Füllöffnung

7 Nach dem Stopfen wird die Wende-/Füllöffnung mit einem Staffier- oder Leiterstich zugenäht. Nimm hierfür entweder dickeres, reißfestes Garn oder doppelt gelegtes normales Nähgarn. Die Nahtzugaben in der Öffnung klappst du auf jeder Seite bis zur eigentlichen Nahtlinie nach innen. Stich nun am letzen Stich der Steppnaht unter der Nahtzugabe von innen nach außen mit der Nadel durch den Stoff, 1–2 mm daneben wieder zurück und zieh den Faden an, bis der Knoten festsitzt. Unter der Stoffbruchkante führst du die Nadel 4–5 mm weit hohl nach vorne durch und stichst im Stoffbruch nach oben aus. Lege den Faden dann quer über die Mitte zur gegenüberliegenden gefalteten Kante und stich dort ebenfalls wieder unter der Stoffbruchkante 4–5 mm die Nadel hohl nach vorne durch. Dies wird fortlaufend bis zum Ende der Öffnung wiederholt. Den Faden straff ziehen, sodass die Stoffkanten „zusammenrutschen" und der Nähfaden nicht mehr sichtbar ist. Wenn du zu kräftig gezogen hast und der Stoff sich rafft, kannst du den Stoff einfach wieder zurückziehen. Am Ende der Öffnung den Nähfaden verknoten und vernähen.

Knotenbein

8 Binde in lange Beine einfach einen Knoten.

Kuschelbein

9 Ein kleines Bein zunächst locker mit Füllwatte füllen.

10 Nähe dann mit Nadel und Faden von Hand mit großen Vorstichen am Beinanfang einen Reihfaden einmal um das Bein herum ein. Lasse dabei mindestens je 10 cm von Fadenanfang und -ende stehen.

11 Raffe den Stoff über dem Faden zusammen und wickle die Fadenenden an der gerafften Stelle je 2–3x fest um das Bein. Verknote die Fäden gut, ziehe die Fadenenden an der verknoteten Stelle nach innen.

Halstuch

12 Stecke Vorder- und Rückseite rechts auf rechts aufeinander. Nähe die Teile zusammen, lasse die Wendeöffnung frei. Nahtzugabe zurückschneiden und das Halstuch wenden.

13 An der Wendeöffnung die Nahtzugaben nach links einschlagen, die Kanten sauber aufeinander legen und mit der Nähmaschine knappkantig zusammennähen oder von Hand schließen.

Tipp: Du kannst das Halstuch zusätzlich mit einem Namen besticken oder einen geplotteten Namen aufbügeln und so ein ganz individuelles Geschenk gestalten.

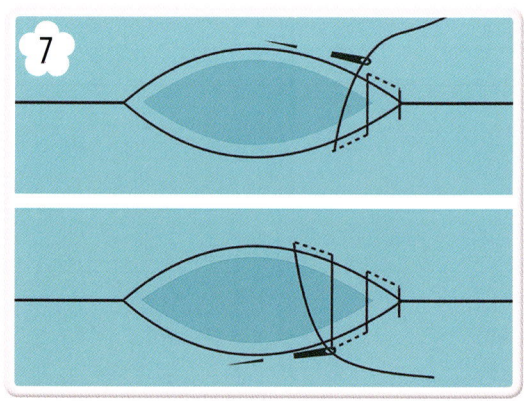

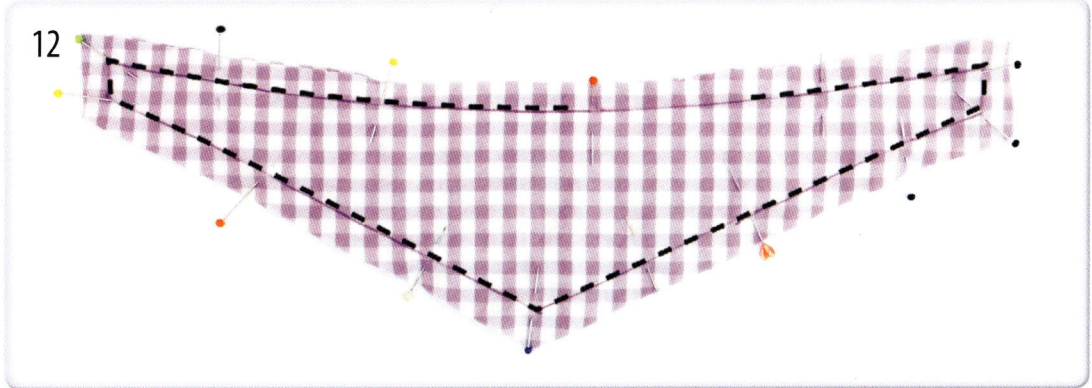

Gesicht sticken

Augen

1 Zuerst wird die Augenlinie auf den Stoff übertragen. Pause dafür das Gesicht auf ein Stück Transparentpapier und schneide mit einer kleinen Schere die Augenlinie im Papier aus. Lege das Papiermuster auf der Stoffrückseite passgenau auf das Gesicht und zeichne dann mit einem Markierstift die Augenlinie auf die Stoffrückseite. Die Wimpern kannst du freihand an die Augenlinie zeichnen oder ebenfalls aus dem Schnittmuster übernehmen.

2 Nun stickst du die Augenlinie mit Stepp-/Rückstichen nach, dabei wird eine durchgezogene Naht entstehen. Du brauchst das Stickgarn und die Sticknadel. Fädle das Garn auf die Nadel und verknote ein Ende. Von links (der Stoff-Rückseite) stichst du am Anfang der Augenlinie durch den Stoff und ziehst den Faden bis zum Knoten durch.

3 Dann stichst du auf der Augenlinie im Abstand von 3-4 Millimeter zum 1. Einstich von rechts (der Stoff-Vorderseite) wieder zurück.

4 Anschließend wieder ein Stück weiter von links durch den Stoff stechen.

5 Jetzt folgt der „Rückstich": Auf der rechten Seite stichst du genau in deinen letzten Stich ein, sodass eine geschlossenen Naht entsteht. In dieser Weise stickst du Stück für Stück weiter und folgst dabei der gezeichneten Linie auf der Rückseite. Ist die Augenlinie fertig, verknotest du den Faden auf der linken Stoffseite und schneidest ihn ab.

Nasenlöcher

6 Die Markierung für das Nasenloch wird genauso auf den Stoff übertragen wie das Auge. Stickgarn auf die Nadel fädeln und von links am markierten Punkt nach vorne durchstechen.

7 Auf der Vorderseite knapp neben dem Ausgangspunkt wieder einstechen. Das Stickgarn aber NICHT festziehen, sondern eine Schlaufe stehen lassen.

8 Anschließend im ersten Stich nochmals von links durchstechen. Die Schlaufe 1-2x über die Nadel wickeln.

9 Den Faden festziehen. Knapp neben dem entstandenen Knoten von vorne nach hinten durchstechen und den Faden auf der Rückseite verknoten.

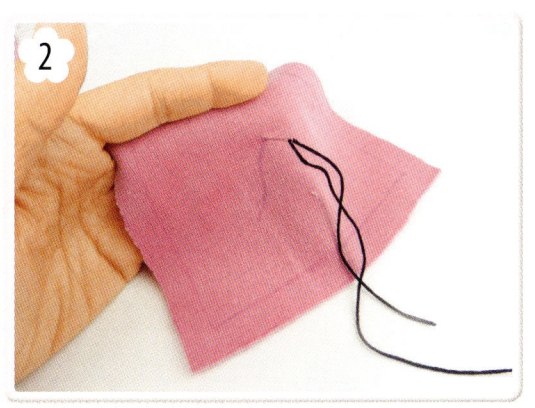

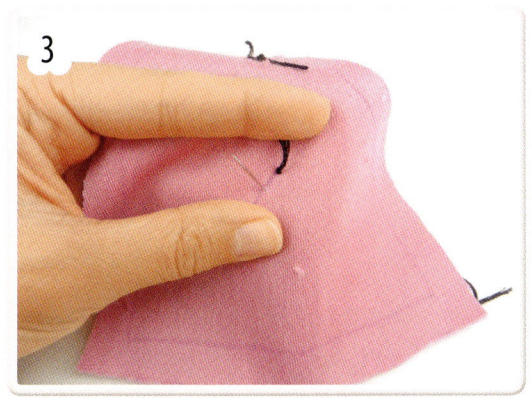

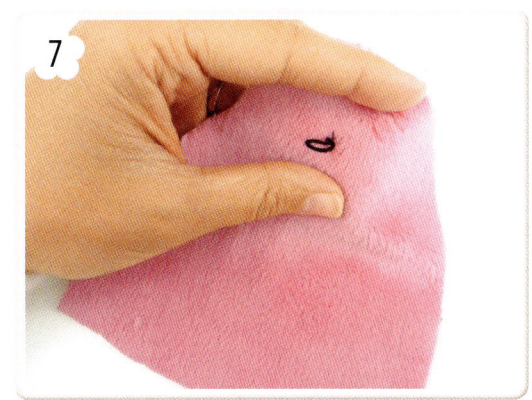

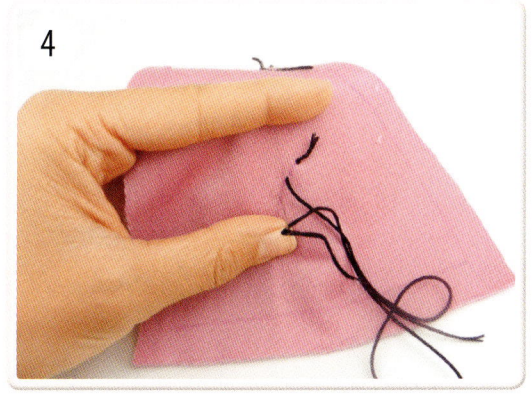

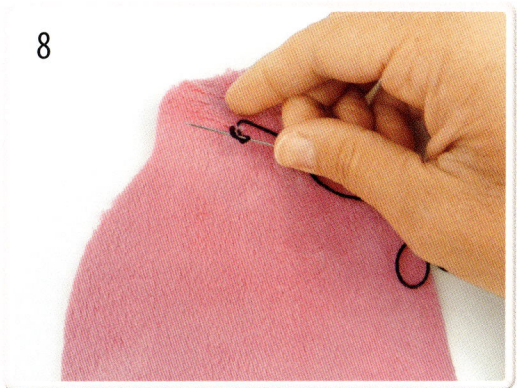

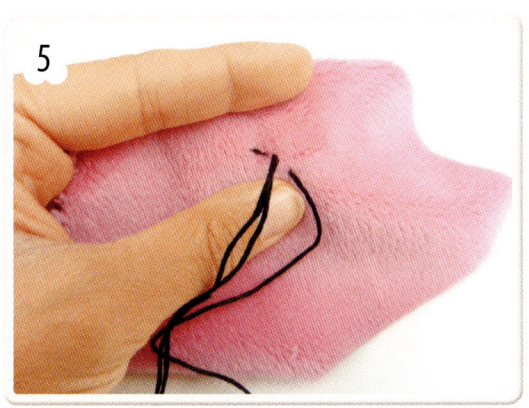

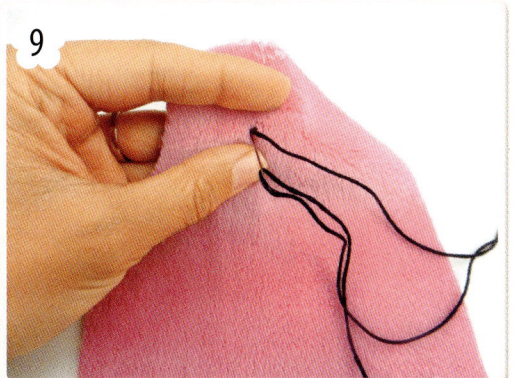

Applizieren

Augen

1 Ein Klebevlies mit Trägerpapier ist ein tolles Hilfsmittel beim Applizieren, da es Zeichen- und Bügelhilfe zugleich ist. Das Vlies wird mit der rauen Seite auf die Vorlage gelegt und das Motiv mit einem Stift auf die glatte Seite gepaust.

2 Das Vlies mit der rauen Seite (= Klebeseite) auf die linke Stoffseite des zu applizierenden Stoffs legen und laut Herstellerangabe solange aufbügeln, bis es sich nicht mehr vom Stoff lösen lässt.

3 Die Applikation exakt auf der vorgezeichneten Linie ausschneiden. Enthält die Applikation Augen, Mund etc., werden diese vor dem Abziehen des Trägerpapiers gestickt (siehe Seite 12/13). Anschließend das Trägerpapier von der Rückseite abziehen. Die Applikation mit der Klebeseite auf die rechte Seite des Hauptstoffes legen und festbügeln.

4 Um die Applikation exakt auf dem Stoff zu platzieren, kannst du zur Orientierung das Schnittmuster zur Hilfe nehmen. Dafür wird das Schnittmuster mittig gefaltet und auf die rechte Stoffseite gelegt, dann die Applikation zur Hälfte auf Schnittmuster und Stoff legen. Anschließend das Schnittmuster unter der Applikation wegziehen.

5 Die Applikationsteile nacheinander aufbügeln und festnähen. Dabei stets mit dem untersten Applikationsteil beginnen. Die Applikationen mit einem engen, nicht zu breiten Zickzackstich festnähen. Tipp: Wenn du im Applizieren noch nicht so geübt bist, sollte das Nähgarn möglichst exakt zum Farbton des Stoffs passen, dann fallen kleine „Wackler" in der Naht kaum auf.

6 Die Augenwimpern und die Highlights in den Augen werden nach dem Applizieren mit Sticktwist aufgestickt.

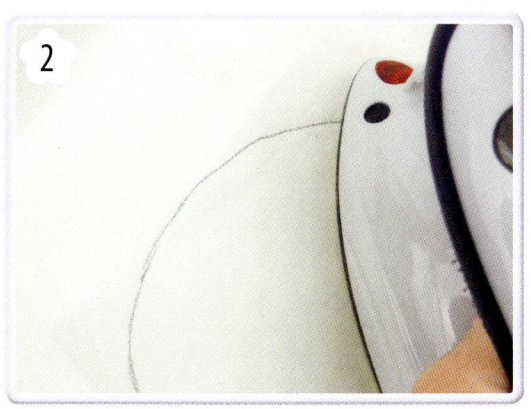

2

5

3

6

4

15

ZAUBERWALD

Im Zauberwald hat es Nachwuchs gegeben – ein kleiner Hippodrache ist geschlüpft! Das bleibt auch dem Einhorn Leyla und den kleinen wilden Waldmonstern nicht verborgen. Auch das Wolkenpony Paula und der kleine Drache Henri sind neugierig auf den neuen Zauberwaldbewohner und können es kaum abwarten, mit ihm durch die Lüfte zu fliegen.

Hippodrache FELIX

Schnuffeltuch | Größe: ca. 40 cm lang | Schwierigkeit: mittel | Schnittmuster 1a–h auf Bogen A und Halstuch S auf Bogen D

Psssst! Im Zauberwald hat es Nachwuchs gegeben.
Ein kleiner Hippodrache ist soeben geschlüpft und ist noch
sehr müde und erschöpft. Noch schläft der Kleine ganz
friedlich, aber schon bald wird er mit den anderen
Zauberwesen spielen und den Wald unsicher machen.

Zuschneiden

Alle Schnittteile auf Papier übertragen, aus-
schneiden und auf den Stoff übertragen.
Anschließend die einzelnen Schnittteile mit
einer Nahtzugabe von 1 cm ausschneiden.
Das Schnittmuster enthält verschiedene
Varianten für die Beine (siehe Seite 10/11).

Material

· Frottee für Kopf, Stirn, Rückseite der Ohren,
  Rückseite der Flügel und Rücken: 40 x 90 cm
· Baumwollstoff für Vorderseite der Ohren,
  Vorderseite der Flügel und Bauch: 40 x 55 cm
· Baumwollstoff für Zacken und Halstuch: 15 x 85 cm
· Füllwatte/Bastelwatte (waschbar)
· Sticktwist in Schwarz
· Nähgarn

Gesicht

1 **Sticken:** Das Auge jeweils auf die linke Stoffseite der beiden seitlichen Kopfteile übertragen und von Hand sticken (siehe Seite 12). Nüster mit einem Knötchenstich sticken.

Ohren

2 **Stecken und nähen:** Je zwei Ohrteile rechts auf rechts aufeinander legen und feststecken. Nähe die Ohren zusammen, die Wendeöffnung bleibt frei. Die Nahtzugaben beschneiden (siehe Seite 8).

3 **Wenden und falten:** Ohren wenden. Falte die Ohren jeweils längs zur Hälfte, sodass die Schnittkanten der Wendeöffnung bündig aufeinander liegen. Die Falte knapp neben der Kante festnähen.

Kopf

4 **Ohren anbringen:** Die Ohren jeweils mit der Vorderseite auf die rechte Stoffseite des Oberkopfs legen und feststecken. Nähe das Ohr knapp neben der Kante fest.

5 **Kopf nähen:** Lege das mittlere Kopfteil rechts auf rechts auf ein seitliches Kopfteil und stecke es fest. Die Markierungen 1, 2 und 3 beider Teile müssen dabei aufeinander treffen.

6 **Kopf nähen:** Nähe die Teile zusammen, lasse dabei am unteren Kopfrand eine Füllöffnung frei.

7 **Kopf nähen:** Das zweite seitliche Kopfteil genauso rechts auf rechts an die gegenüberliegende Kante des mittleren Kopfteils nähen. Kopf wenden.

Zacken

8 **Stecken und nähen:** Stecke je zwei Zacken rechts auf rechts aufeinander und nähe sie zusammen. Nahtzugaben beschneiden.

Flügel

9 **Stecken und nähen:** Je ein seitenrichtiges und ein gegengleiches Flügel-Teil rechts auf rechts aufeinander legen und feststecken. Nähe die Teile zusammen, die Wendeöffnung bleibt frei. Nahtzugaben beschneiden.

10 **Wenden:** Die Flügel wenden und die obere Rundung sowie von der oberen Mitte bis in die Flügel-Spitzen laut Foto absteppen.

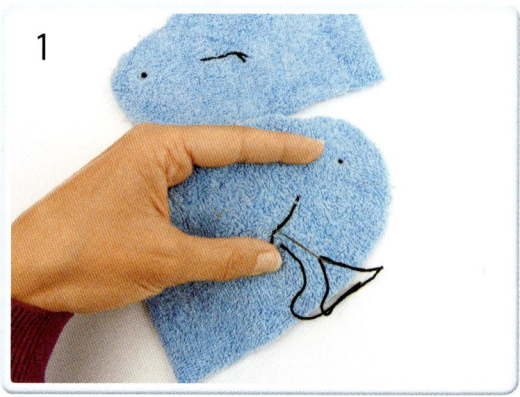

3

7

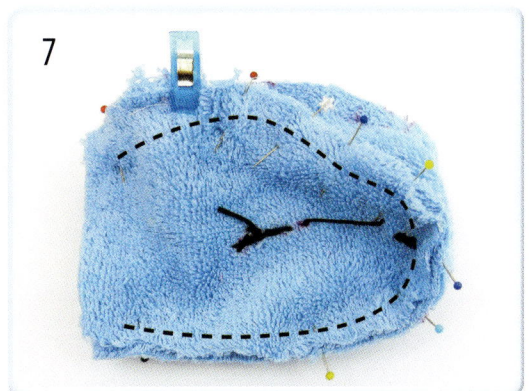

4

8

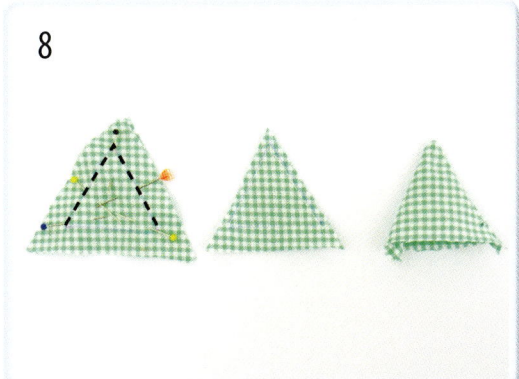

5

1 2 3

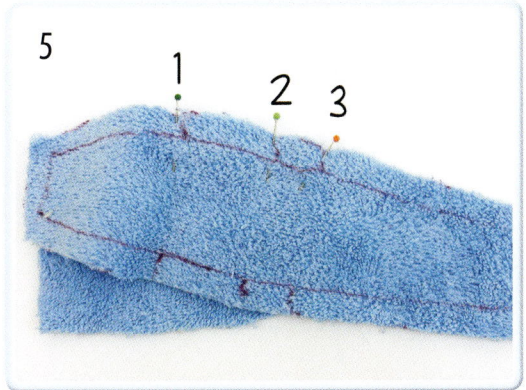

9

6

10

11

15

12

16

13

17

14

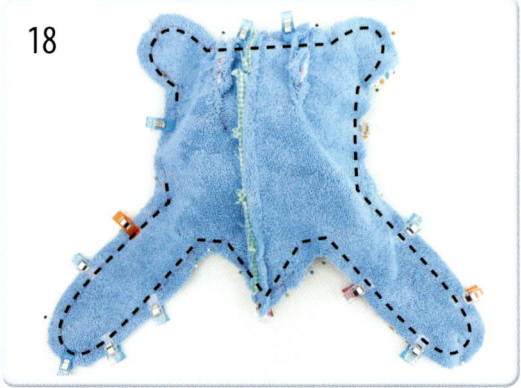

18

Rücken

11 **Flügel anbringen:** An den Rückenhälften jeweils den Flügelabnäher mittig einschneiden. Einen Flügel mit der Unterseite auf die untere Abnäherkante legen und feststecken.

12 **Abnäher schließen:** Die obere Abnäher-Kante rechts auf rechts über den Flügel falten und den Abnäher schließen, dabei die Abnäherspitze zur Stoffbruchkante hin schmal auslaufen lassen.

13 **Zacken anbringen:** Die Zacken an einer Rückenhälfte auflegen und feststecken.

14 **Rücken nähen:** Lege die andere Rückenhälfte rechts auf rechts obenauf und nähe die beiden Hälften zusammen.

Kopf

15 **Halsrand reihen:** Nähe einen Reihfaden von Hand mit Nadel und Faden in großen Vorstichen knapp entlang der Kante einmal um die Wendeöffnung des Kopfes herum ein. Lasse die Fadenenden mindestens 10 cm aus dem Stoff herausstehen.

16 **Kopföffnung raffen:** Ziehe dann die Fadenenden zusammen, sodass sich der Stoff über dem Faden dicht zusammenrafft und verknote die Fadenenden.

Körper

17 **Kopf anbringen:** Den Kopf mit der Stirnseite rechts auf rechts auf den Rücken legen und feststecken (die Markierung für den Kopfansatz findest du im Schnittmuster). Nähe den Kopf knapp neben der Stoffkante fest.

18 **Körper nähen:** Bauch und Rücken rechts auf rechts aufeinander legen und feststecken. Nähe den Körper zusammen, lasse dabei die Wendeöffnung frei. Beim Schwanz darauf achten, die Zacken nicht einzunähen.

19 **Nahtzugaben:** Zurück- und einschneiden.

20 **Wenden und stopfen:** Wende den HippoDrachen. Stopfe den Kopf durch die Füllöffnung mit Bastelwatte. Öffnung von Hand schließen.

21 **Halstuch:** Nähen (siehe Seite 10) und umbinden.

Wolkenpony PAULA

Kuscheltier | Größe: ca. 40 x 13 x 13 cm | Schwierigkeit: anspruchsvoll | Schnittmuster 2a-j auf Bogen A und Halstuch M auf Bogen D

Nicht nur im Wald geht es zauberhaft zu - nein, auch in den Wolken über den Bäumen. Dort lebt das freche Wolkenpony Paula. Wenn Paula nicht gerade damit beschäftigt ist, mit Henri durch die Wolken zu sausen, nimmt sie gerne kleine Besucher auf ihren Rücken und zeigen ihnen ihr Wolkenreich.

Material

· Nicki für Kopf, Rückseite der Ohren, Rückseite der Flügel, Hals, Körper und Beine: 40 x 110 cm
· Nicki für Schnauze, Vorderseite der Ohren, Vorderseite der Flügel, Hufe und Bauch: 30 x 90 cm
· Nicki für Mähne, Pony und Schwanz: 25 x 40 cm
· Baumwollstoff für das Halstuch: 12 x 90 cm
· Vliesofix
· Füllwatte/Bastelwatte (waschbar)
· Sticktwist in Schwarz
· Nähgarn

Zuschneiden

Alle Schnittteile auf Papier übertragen, ausschneiden und auf den Stoff übertragen. Die einzelnen Schnittteile mit einer Nahtzugabe von 1 cm ausschneiden. Applikationsteile auf das Klebevlies pausen und grob ausschneiden.

Nähen

Augen

1 **Rechtes Auge:** Das rechte Auge auf die Stirn übertragen und von Hand sticken (siehe Seite 12).

2 **Linkes Auge:** Applikationsteil für das linke Auge vorbereiten und applizieren (siehe Seite 14).

Ohren

3 **Stecken und nähen:** Je ein seitenrichtiges und ein gegengleiches Teil für die Vorder- und Rückseite der Ohren rechts auf rechts aufeinander legen und feststecken. Nähe die Teile auf der vorgezeichneten Linie zusammen, die Wendeöffnung bleibt frei. Nahtzugaben beschneiden (siehe Seite 8).

4 **Wenden und falten:** Ohren wenden. Falte die Ohren jeweils längs zur Hälfte, sodass die Schnittkanten der Wendeöffnung bündig aufeinander liegen. Die Falte knapp neben der Kante festnähen.

Flügel

5 **Stecken und nähen:** Je ein seitenrichtiges und ein gegengleiches Flügelteil rechts auf rechts aufeinander legen und feststecken. Nähe die Teile zusammen, die Wendeöffnung bleibt ausgespart. Nahtzugaben beschneiden.

6 **Wenden und absteppen:** Die Flügel wenden und die verstürzte Kante im Abstand von ca. 5 mm absteppen.

Kopf

7 **Ohren anbringen:** Die Ohren jeweils mit der Vorderseite auf die rechte Stoffseite der Stirn legen und feststecken. Für das Pony 5-6 Streifen von je ca. 1 x 8-10 cm Länge zuschneiden, ebenfalls auf die Stirn legen und feststecken. Nähe knapp neben der Schnittkante Ohren und Pony fest.

8 **Mähne stecken:** Für die Mähne 14 Streifen von je ca. 1 x 12-15 cm Länge zuschneiden. Die Mähne auf ein Halsteil legen und feststecken.

9 **Hals nähen:** Anschließend das zweite Halsteil rechts auf rechts obenauf legen und ebenfalls an die Kante mit der Mähne stecken. Nähe den Hals zusammen.

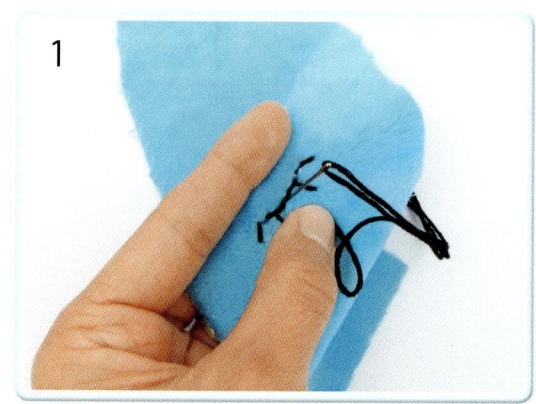

26

2

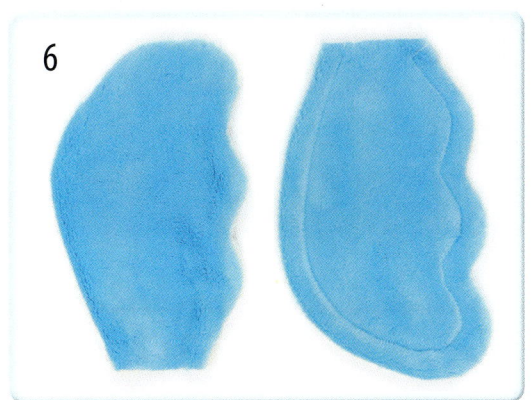

6

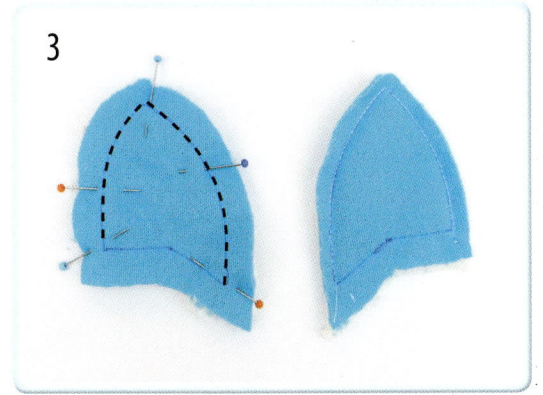

3

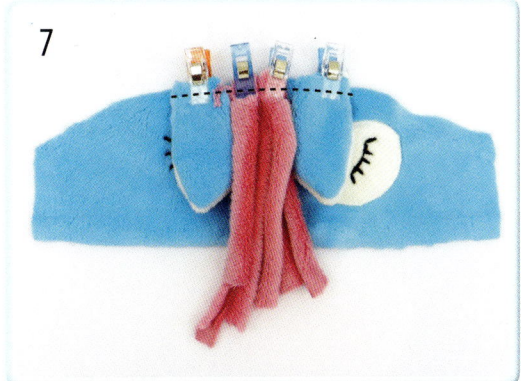

7

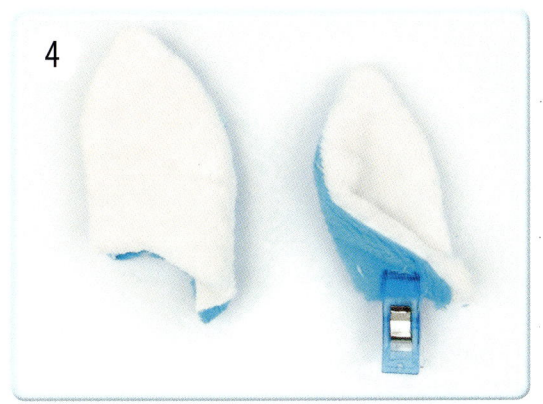

4

8

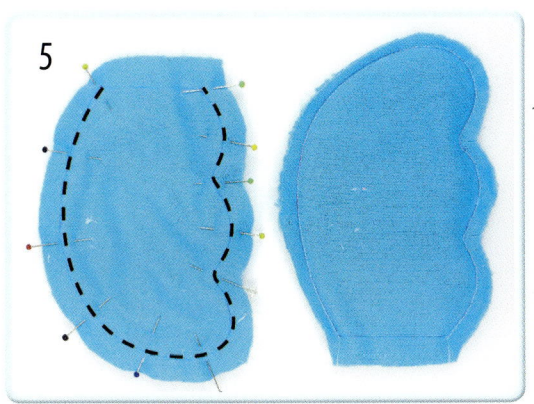

5

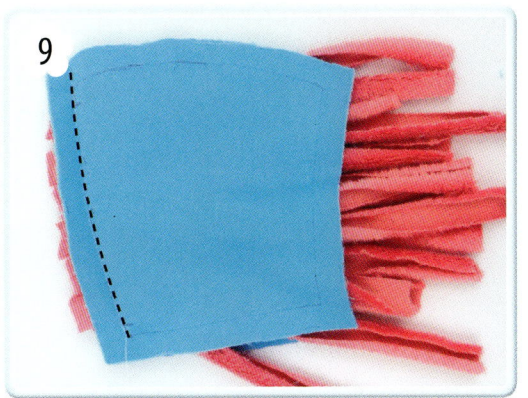

9

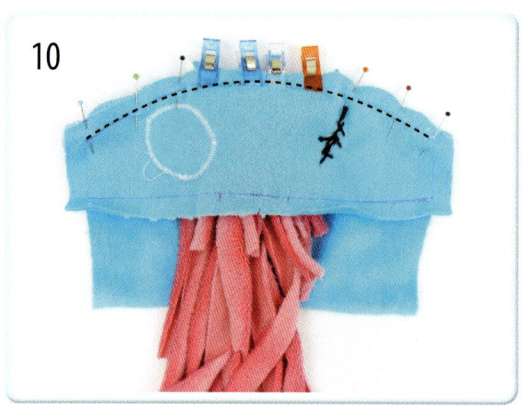

10

12

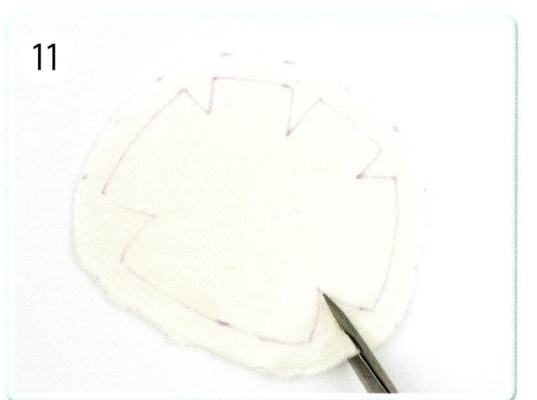

11

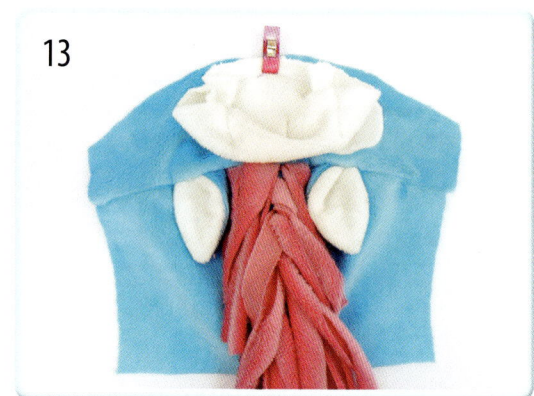

13

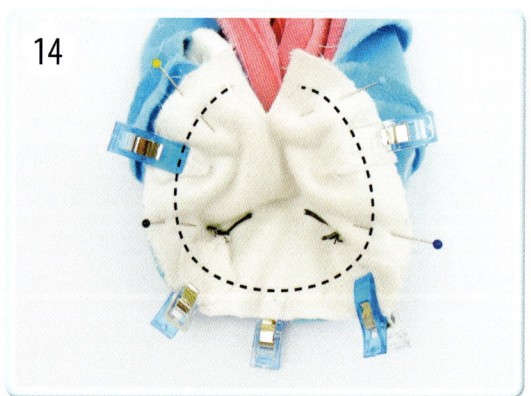

14

15

10 **Hals und Stirn:** Falte den Hals auseinander und lege die Stirn rechts auf rechts mittig auf den Hals. Feststecken und die Teile zusammennähen.

11 **Schnauze:** Die Schnauze hat fünf Abnäher. Schneide die Abnäher jeweils mittig ein.

12 **Abnäher schließen:** Lege an den seitlichen vier Abnähern jeweils die Abnäher-Kanten rechts auf rechts aufeinander und stecke den Stoff fest. Nähe die Kanten zusammen. Der Abnäher in der unteren Mitte bleibt zunächst noch ungenäht.

13 **Schnauze anbringen:** Die Schnauze mit der vorderen Mitte rechts auf rechts auf die Stirnmitte legen und entlang der Stirnkante bis zu den Seiten feststecken.

14 **Schnauze annähen:** Nähe dann Schnauze und Stirn zusammen.

15 **Kopf nähen:** Nun den Hals, die Stirn und den verbliebenen Schnauzen-Abnäher entlang der offenen Kanten rechts auf rechts zusammenlegen und feststecken. Nähe die Kopfteile zu einem runden Schlauch zusammen.

Beine

16 **Stecken und nähen:** Pro Bein ein Hufteil rechts auf rechts an ein Beinteil legen und feststecken. Nähe Huf und Bein zusammen. Klappe die Teile auf. Lege das Bein mit Huf an den Längskanten rechts auf rechts zur Hälfte. Stecke die Kanten fest. Nähe das Bein zusammen. Lasse eine Füllöffnung frei.

17 **Sohle einnähen:** Die Sohle mit den Markierungen rechts auf rechts an den Hufrand stecken. Sohle und Huf zusammennähen. Bein wenden.

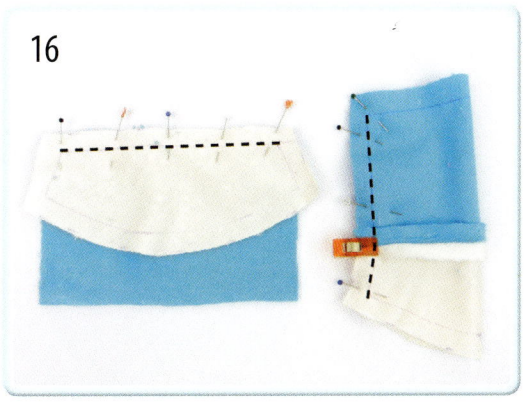

16

17

Körperhälfte

18 **Flügel anbringen:** Pro Körperhälfte den Abnäher mittig einschneiden. Einen Flügel mit der Unterseite rechts auf rechts an die untere Kante des Abnähers legen und feststecken.

19 **Abnäher schließen:** Die zweite Abnäher-Kante rechts auf rechts über den Flügel falten und den Abnäher schließen, dabei die Naht zur Stoffbruchkante hin schmal auslaufen lassen.

20 **Schweif anbringen:** Für die Mähne 14 Streifen von je ca. 1 x 15 - 20 cm Länge zuschneiden. Laut Schnittmarkierung die Streifen für den Schweif auf die rechte Stoffseite einer Körperhälfte legen und feststecken. Nähe den Schweif knapp neben der Kante fest.

Körper

21 **Rücken nähen:** Lege die beiden Körperhälften rechts auf rechts aufeinander und stecke die oberen Kanten (= Rücken) fest. Den Rücken zusammennähen, die Wendeöffnung aussparen.

22 **Beine:** Die Beine jeweils an der Wendeöffnung flachlegen, dabei so drehen, dass die Naht auf einer Seite in der Mitte der Kante liegt.

23 **Beine anbringen:** Stecke die Beine jeweils laut Schnittmarkierung an den Bauch, dabei zeigt die Naht zum Bauch. Nähe die Beine knapp neben der Schnittkante fest.

24 **Körper nähen:** Bauch rechts auf rechts auf den Rücken legen und feststecken. Nähe Bauch und Rücken — bis auf den Halsrand — zusammen.

25 **Körper und Kopf:** Wende den Kopf und stecke ihn in den Körper hinein. Die Kopfoberseite mit der Mähne trifft rechts auf rechts auf die Rückennaht.

26 **Körper und Kopf nähen:** Stecke den Hals am Körper fest und nähe die Teile zusammen.

27 **Wenden und füllen:** Wende den Körper. Fülle Körper, Kopf und Beine mit Füllwatte und schließe dann die Öffnungen.

28 **Halstuch:** Nähen (siehe Seite 10) und umbinden.

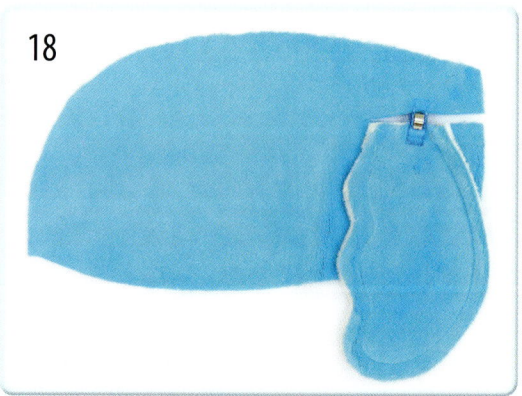

18

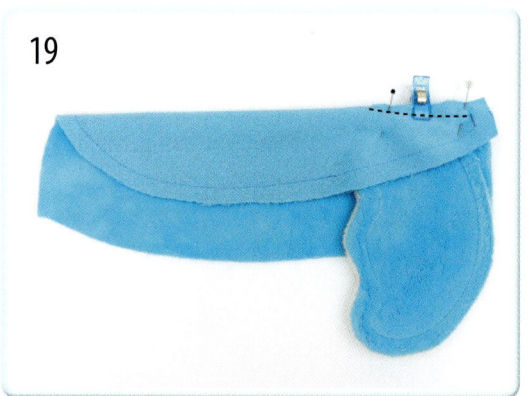

19

20

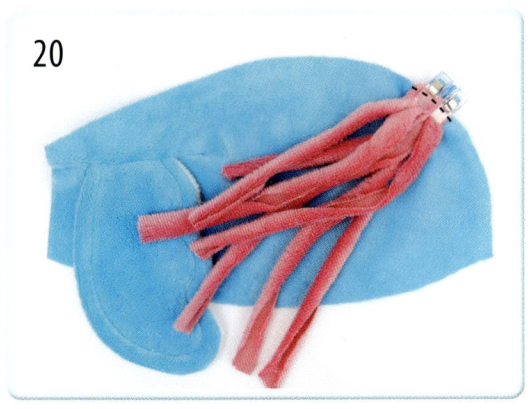

22

21

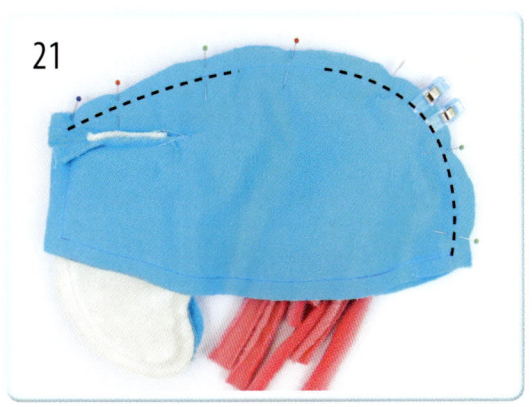

24

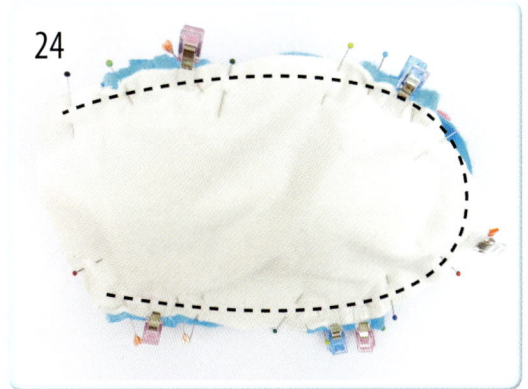

25

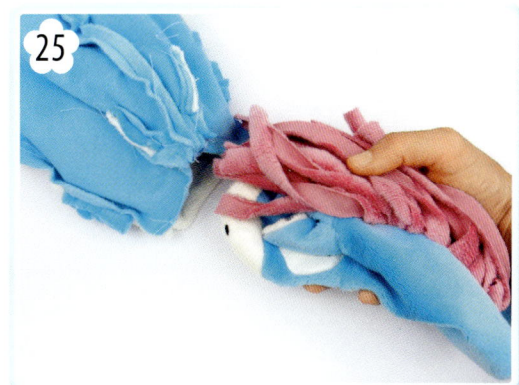

26

Wolkenpony PAULA Sitzsack

Sitzsack/-kissen | Größe: ca. 85 x 30 x 30 cm | Schwierigkeit: anspruchsvoll | Schnittmuster 3a–k auf Bogen A–C und Halstuch L auf Bogen D

Paula Wolkenpony ist schon als Kuscheltier ein echter Hingucker
– jedoch als Sitzsack oder Sitzkissen wirklich einzigartig!!

Material

· Microfaserplüsch für Kopf, Hals, Rückseite der Ohren, Körper und Beine: 110 x 140 cm
· Microfaserplüsch für Schnauze und Flügel: 35 x 140 cm
· Microfaserplüsch für die Hufe: 4x je 20 x 55 cm
· Microfaserplüsch-Reste in bunten Farben für Pony, Mähne und Schwanz
· Baumwollstoff für die Vorderseite der Ohren und das Halstuch: 15 x 120 cm
· Volumenvlies, mittlere Stärke: 25 x 90 cm
· Vliesofix
· Sticktwist
· Nähgarn
· Klettband, 2 cm breit: 55 cm

Für ein Sitzkissen:
· Hohlfaserkissenfüllung oder Füllwatte

Für einen Sitzsack:
· Baumwollstoff oder Nessel für ein Körper-Inlett: 60 x 140 cm
· Füllwatte für den Kopf und Styroporkügelchen für das Körper-Inlett

Zuschneiden

Alle Schnittteile auf Papier übertragen, ausschneiden und auf den Stoff übertragen. Die einzelnen Schnittteile mit einer Nahtzugabe von 1 cm ausschneiden. Applikationsteile auf das Klebevlies pausen und grob ausschneiden.

Nähen

Das Sitzkissen bzw. die Sitzsack-Hülle werden im Prinzip nach der Anleitung zum Wolkenpony Paula genäht. Beachte jedoch die Änderungen bei folgenden Punkten:

Ohren

1 **Stecken und nähen:** Siehe Kuscheltier. Damit die Ohren etwas mehr Stabilität bekommen und nicht schlapp herunter hängen wird Volumenvlies eingenäht. Dafür vor dem Zusammennähen der Lagen zusätzlich eine Lage Volumenvlies obenauf legen.

Flügel

2 **Stecken und nähen:** Siehe Kuscheltier. Damit die Flügel etwas mehr Stabilität bekommen und nicht schlapp herunter hängen wird Volumenvlies eingenäht. Dafür vor dem Zusammennähen der Lagen zusätzlich eine Lage Volumenvlies obenauf legen.

Kopf nähen

3 **Kopf nähen:** Siehe Kuscheltier. Der Kopf wird zum Schluss separat mit Füllwatte gestopft, daher muss in der Halsnaht eine Füllöffnung gelassen werden.

Körper

4 **Öffnung:** Damit das Sitzsackinlett eingelegt werden kann, wird an der Bauchunterseite eine Klettverschlussöffnung genäht. Dafür jeweils die gerade Kante einer Bauchhälfte 2 cm nach links eingeschlagen und den Umschlag knappkantig feststeppen.

5 **Klettverschluss:** Das Hakenband des Klettverschlusses an einer Bauchhälfte von rechts auf den Umschlag nähen, das Flauschband des Klettverschlusses an der anderen Bauchhälfte von links auf den Umschlag nähen.

6 **Bauch:** Die beiden Bauchhälften an der geraden Kante aufeinander kletten.

7 **Beine anbringen:** Siehe Kuscheltier.

8 **Körper und Kopf:** Siehe Kuscheltier.

9 **Halsverschluss:** Stecke anschließend das Halsverschlussteil rundum auf die Halsöffnung und nähe den Hals/Körper und den Verschluss zusammen.

10 **Wenden und füllen:** Wende die Hülle durch die Körperöffnung. Fülle Kopf und Beine mit Füllwatte und schließe die Öffnungen.

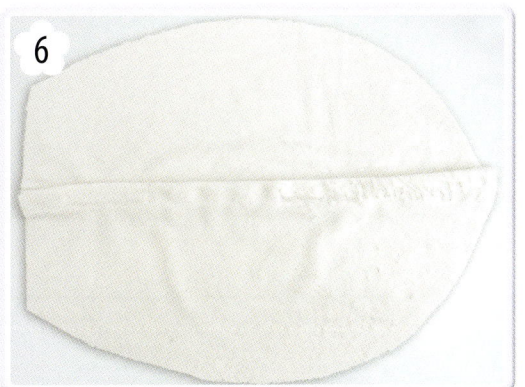

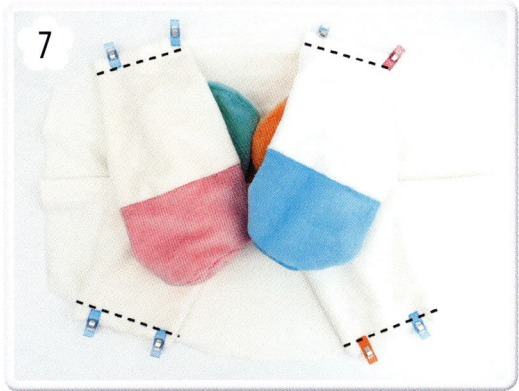

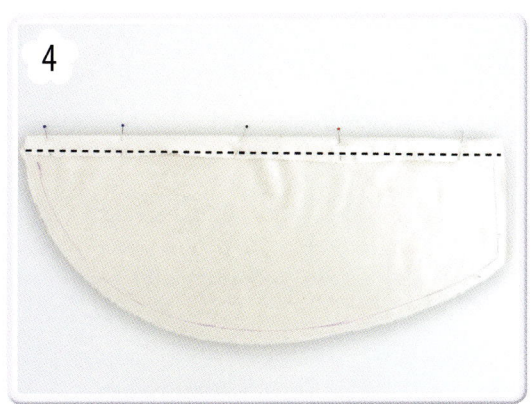

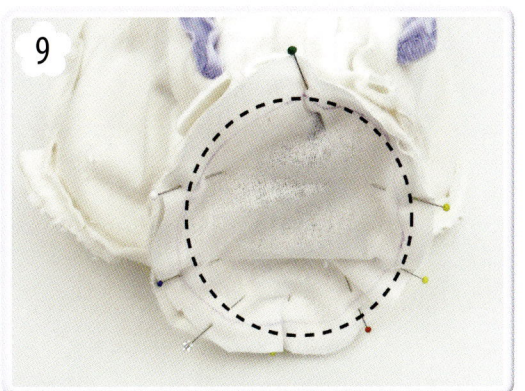

Körper-Inlett

Die Nähte am Inlett sollten besonders stabil sein, daher ist es ratsam, diese mit einem Dreifach-Geradstich zu nähen. Zudem eine kleine Stichlänge wählen, damit die Styroporkügelchen nicht durch die Nähte nach außen wandern können.

11 **Körper nähen:** Die beiden zugeschnittenen Stoffstücke für den Rücken rechts auf rechts aufeinander legen und feststecken. Rückenkanten zusammennähen, dabei eine Wendeöffnung frei lassen.

12 **Bauch einsetzen:** Falte den Rücken auf und stecke den Bauch rechts auf rechts fest. Nähe Bauch und Rücken zusammen.

13 **Tipp zum Füllen:** Styroporkügelchen sind beim Einfüllen etwas widerspenstig, deswegen kann es hilfreich sein, als Einfüllhilfe eine abgeschnittene PET Flasche mit großem Schraubverschluss an den Styropor-Sack zu kleben. Schneide dafür das obere Drittel der Flasche ab. Schneide an einer Ecke ein Loch in der Größe des Flaschenumfangs in den Sack. Stecke dann den Sack mit dieser Ecke in die Flasche und klebe die Teile rundum mit Klebeband/Paketband fest zusammen.

14 **Füllen:** Das Körper-Inlett mit Styroporkügelchen füllen. Öffnung zuerst von Hand schließen, dann zusätzlich mit Geradstichen der Nähmaschine absteppen.

Tipp: Zum Füllen das Inlett in einen großen Karton stellen. So steht es stabil und evtl. überlaufende Kügelchen landen im Karton, nicht in der Wohnung. Füllöffnung noch im Karton von Hand schließen. Übergelaufene Kügelchen absaugen – Fertig!

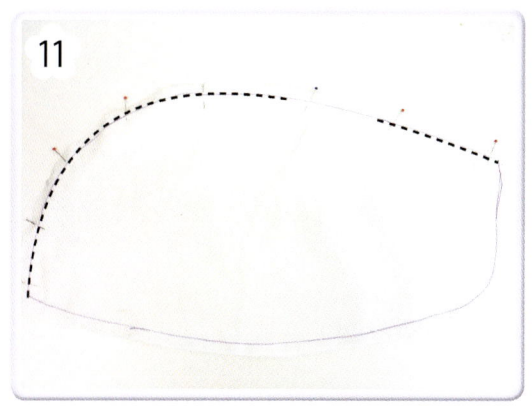

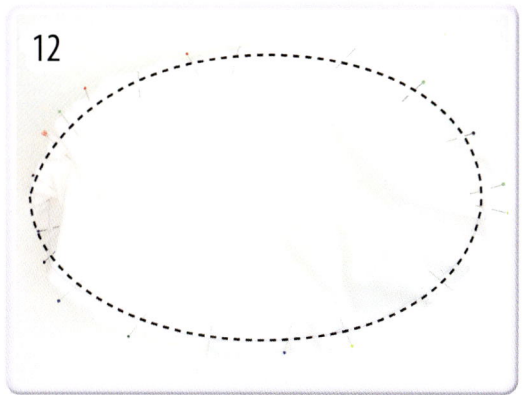

Einhorn LEYLA

Kuscheltier | Größe: ca. 25 x 35 cm | Schwierigkeit: leicht | Schnittmuster 4a–f auf Bogen A und Halstuch M auf Bogen D

Einhorn Leyla ist ein magisches Wesen und die Seele des Waldes. Auch wenn sie die Ruhe und Stille des Waldes sehr genießt, macht sie gerne die Späßchen der Waldmonster mit. Als Leyla von dem Nachwuchs im Zauberwald hört, muss sie den kleinen Drachen unbedingt willkommen heißen.

Material

· Plüsch für Körper und Rückseite der Ohren: 30 x 50 cm
· Plüsch für Schnauze, Schwanz und Mähne: 15 x 80 cm
· Plüsch für das Horn: 10 x 15 cm
· Baumwollstoff für Vorderseite der Ohren und Halstuch: 15 x 100 cm
· Füllwatte/Bastelwatte (waschbar)
· Sticktwist in Schwarz
· Nähgarn

Zuschneiden

Alle Schnittteile auf Papier übertragen, ausschneiden und auf den Stoff übertragen.
Anschließend die einzelnen Schnittteile mit einer Nahtzugabe von 1 cm ausschneiden. Zwischen den Beinen den Stoff zunächst nicht einschneiden.

Gesicht

1 Augen und Nasenlöcher: Die Augen und die Nasenlöcher jeweils auf die linke Stoffseite der entsprechenden Teile übertragen und von Hand sticken (siehe Seite 12).

Kopf

2 Abnäher: Schneide an den Körperteilen die Abnäher für die Ohren bis knapp vor die Spitze ein.

3 Schnauze annähen: Lege die Schnauzenteile jeweils an den Körperhälften rechts auf rechts auf den Kopf und stecke sie fest. Nähe auf der vorgezeichneten Linie.

Ohren

4 Stecken und nähen: Je ein seitenrichtiges und ein gegengleiches Teil für die Vorder- und Rückseite der Ohren rechts auf rechts aufeinander legen und feststecken. Nähe die Teile zusammen, dabei wird die Wendeöffnung ausgespart.

5 Wenden und falten: Die Nahtzugaben beschneiden (siehe Seite 8). Ohren wenden. Falte die Ohren jeweils längs zur Hälfte, sodass die Schnittkanten der Wendeöffnung bündig aufeinander liegen. Die Falte knapp neben der Schnittkante festnähen.

Horn

6 Stecken und nähen: Die Hornteile rechts auf rechts aufeinander legen und feststecken. Nähe auf der vorgezeichneten Linie, lasse die Wendeöffnung frei.

7 Wenden: Nahtzugaben beschneiden. Das Horn wenden und mit etwas Füllwatte füllen.

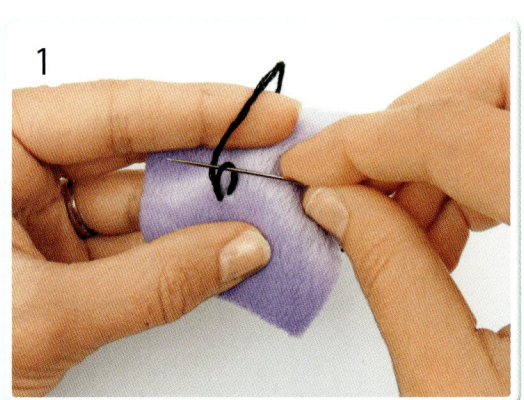

2

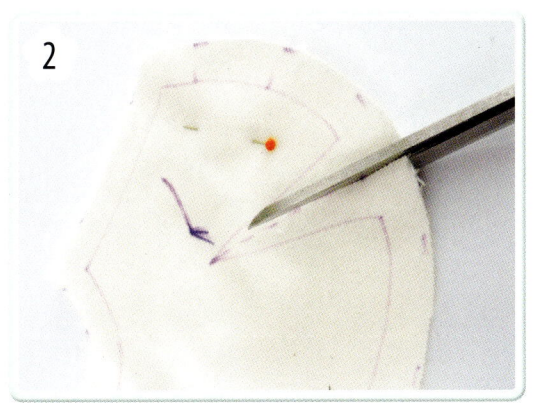

6

3

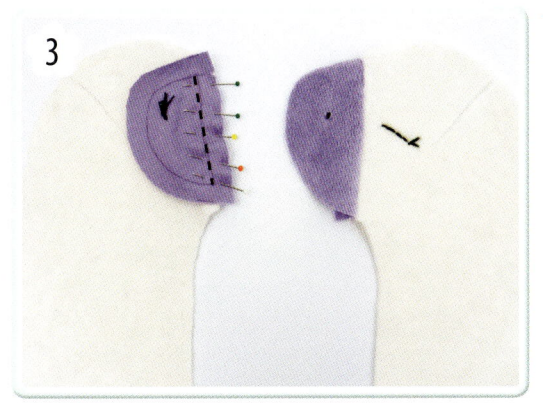

7

4

5

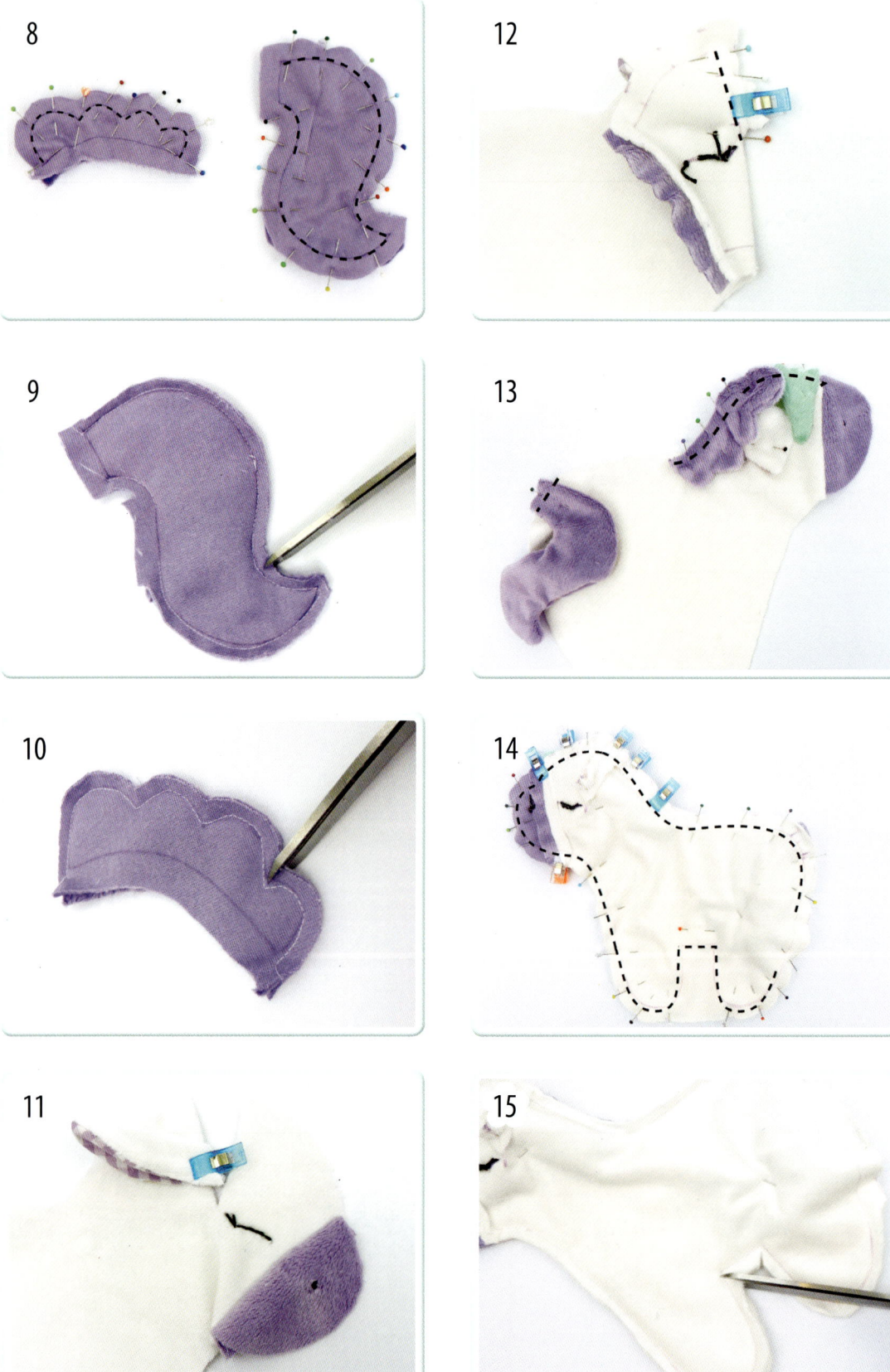

Mähne und Schweif

8 **Stecken und nähen:** Die Teile für Mähne und Schweif jeweils rechts auf rechts aufeinander legen und feststecken. Nähe die Teile jeweils zusammen, lasse bei der Mähne die Wendeöffnung und beim Schweif die Wendeöffnung und die Füllöffnung aus.

9+10 **Nahtzugaben:** Nahtzugaben beschneiden.

Körperhälften

11 **Ohren anbringen:** Je ein Ohr mit der Vorderseite nach unten zeigend, rechts auf rechts an einer Abnäher-Kante auf eine Körperhälfte legen und feststecken.

12 **Abnäher schließen:** Die zweite Abnäher-Kante rechts auf rechts über das Ohr falten und den Abnäher schließen, dabei die Abnäherspitze zur Stoffbruchkante hin schmal auslaufen lassen.

13 **Horn, Mähne und Schweif anbringen:** Laut Schnittmarkierungen die Teile an einer Körperhälfte auflegen und feststecken. Nähe die einzelnen Teile jeweils knapp neben der Stoffkante fest.

Körper

14 **Körper nähen:** Die Körperteile rechts auf rechts aufeinander legen und feststecken. Nähe den Körper zusammen, lasse dabei die Wendeöffnung aus.

15 **Nahtzugaben:** Zurück- und einschneiden.

16 **Wenden und füllen:** Körper wenden. Fülle Körper und Schweif mit Füllwatte und schließe die Wendeöffnungen.

17 **Halstuch:** Nähen (siehe Seite 10) und umbinden.

Drachenkissen HENRI

Kissen | Größe: ca. 35 x 45 cm | Schwierigkeit: mittel | Schnittmuster 5a–f auf Bogen B

Henri ist ein kleiner Drache, der es liebt, mit Paula in den Wolken Fangen und Verstecken zu spielen. Er weiß immer, was im Wald vorgeht, denn es ist ja sein Wald – so glaubt er! Öffne den Verschluss am Bauch – dann wird aus dem kleinen Drachen ein Kissen, auf dem herrlich geträumt werden kann.

Material

Zuschneiden

Alle Schnittteile auf Papier übertragen, ausschneiden und auf den Stoff übertragen. Anschließend die einzelnen Schnittteile mit einer Nahtzugabe von 1 cm ausschneiden.

- Baumwollplüsch für Rücken, Kopf, Rückseite der Ohren und Oberseiten der Verschluss-Riegel: 35 x 80 cm
- Baumwollplüsch für Bauch, Schnauze und Unterseite der Verschluss-Riegel: 35 x 50 cm
- Baumwollplüsch für die Flügel: 15 x 65 cm
- Baumwollstoff für die Vorderseite der Ohren: 10 x 25 cm
- Füllwatte/Hohlfaserkissenfüllung
- Sticktwist in Schwarz
- Nähgarn
- 3 cm Haftverschlussband in Weiß, 2 cm breit

45

Nähen

Augen

1 Augen sticken: Die Augen jeweils auf die linke Stoffseite der beiden Kopfhälften übertragen und von Hand sticken (siehe Seite 12).

Ohren

2 Stecken und nähen: Je ein seitenrichtiges und ein gegengleiches Teil für die Vorder- und Rückseite der Ohren rechts auf rechts aufeinander legen und feststecken. Nähe die Teile zusammen, die Wendeöffnung bleibt frei.

3 Wenden, absteppen und falten: Die Nahtzugaben beschneiden (siehe Seite 8). Ohren wenden. Die obere Rundung sowie von der oberen Mitte bis in die Ohr-Spitzen laut Foto absteppen. Falte die Ohren mittig, sodass die Schnittkanten der Wendeöffnung bündig aufeinander liegen. Die Falte knapp neben der Schnittkante festnähen.

Flügel

4 Stecken und nähen: Je ein seitenrichtiges und ein gegengleiches Flügel-Teil rechts auf rechts aufeinander legen und feststecken. Nähe die Teile zusammen, die Wendeöffnung bleibt frei.

5 Wenden: Nahtzugaben beschneiden. Die Flügel wenden und die obere Rundung sowie von der oberen Mitte bis in die Flügel-Spitzen laut Foto absteppen.

Verschluss-Riegel

6 Verschluss: Pro Plüschfarbe je zwei Rechtecke à 5 x 8 cm zuschneiden. Je zwei Rechtecke rechts auf rechts aufeinander legen und feststecken. Teile zusammennähen, dabei die Wendeöffnung aussparen. Die Nahtzugabe beschneiden und den Riegel wenden.

7 Klettband: Das Flauschband des Klettverschlusses an einem Verschluss-Riegel im Abstand von 1 cm zur verstürzten Schmalkante auf die Unterseite nähen, das Hakenband des Klettverschlusses am anderen Verschluss-Riegel ebenso auf die Oberseite nähen.

Kopf

8 Schnauze vorbereiten: Schneide an den Schnauzenteilen jeweils den Abnäher ein. Abnäherkanten rechts auf rechts legen und schließen, dabei die Abnäherspitze zur Stoffbruchkante hin schmal auslaufen lassen.

1

5

2

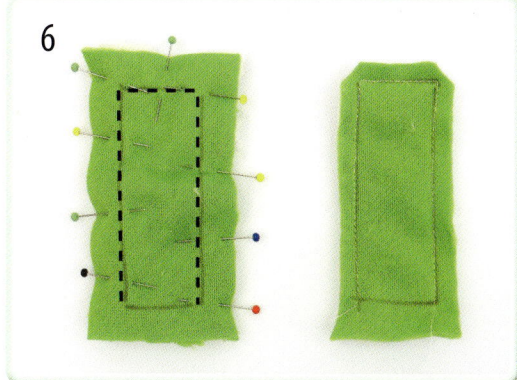

6

3

7

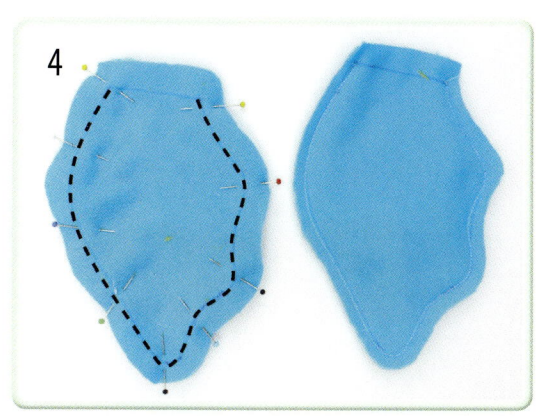

4

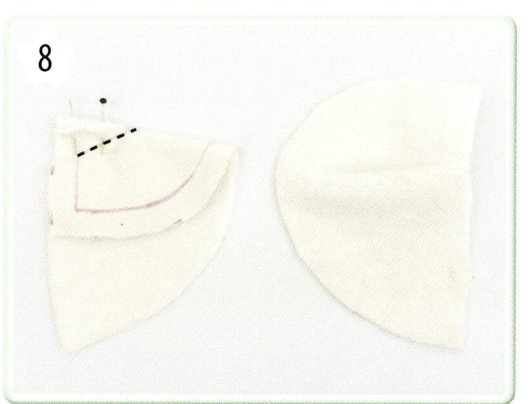

8

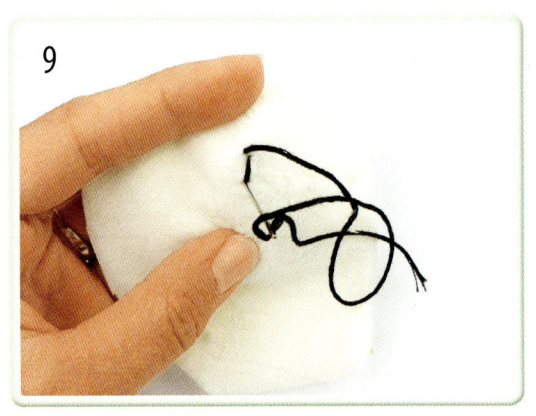

9

11

10

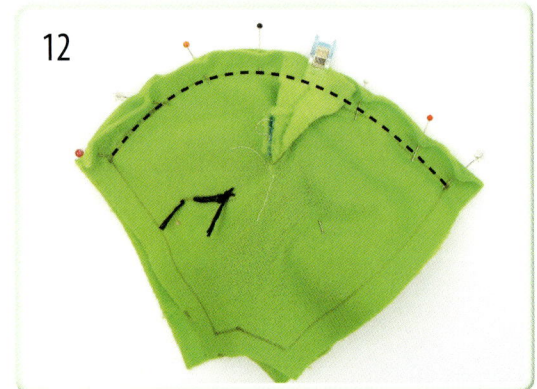

12

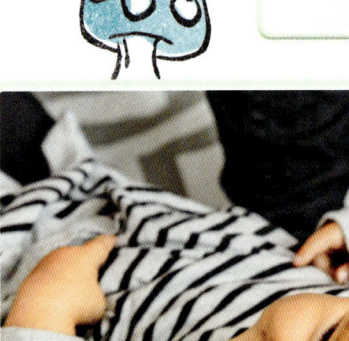

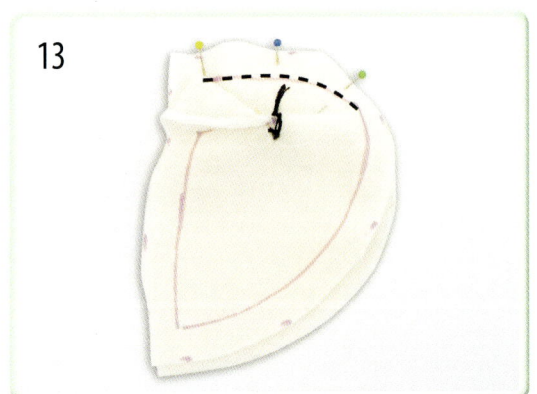

13

14

15

16

17

9 **Nüstern:** Sticke die Nüstern mit Sticktwist quer über die Abnäherenden.

10 **Ohren anbringen:** An den Kopfteilen den Ohrabnäher jeweils mittig einschneiden. Ein Ohr mit der Rückseite auf den Hinterkopf legen und feststecken.

11 **Abnäher schließen:** Die zweite Abnäher-Kante rechts auf rechts über das Ohr falten und den Abnäher schließen.

12 **Kopf nähen:** Die Kopfhälften rechts auf rechts aufeinander legen und feststecken. Nähe den oberen Kopfbereich zusammen.

13 **Schnauze nähen:** Die beiden Hälften der Schnauze rechts auf rechts aufeinander legen und feststecken. Nähe den oberen Bereich der Schnauze zusammen.

14 **Schnauze und Kopf:** Die Schnauze und den Kopf jeweils auffalten und rechts auf rechts aufeinander stecken. Nähe Schnauze und Kopf zusammen.

15 **Schnauze und Kopf schließen:** Nun die Schnauze sowie den Kopf entlang der offenen Kanten rechts auf rechts aufeinander legen und feststecken. Nähe die Schnauzenteile sowie den vorderen Hals zusammen. Nahtzugaben beschneiden.

Körper

16 **Flügel anbringen:** Die Flügel rechts auf rechts aufeinander legen, auf die rechte Stoffseite einer Rückenhälfte legen und feststecken. Nähe die Flügel knapp neben der Stoffkante fest.

17 **Rücken:** Die Rückenteile rechts auf rechts aufeinander legen und feststecken. Nähe die Rückenteile zusammen.

18 **Verschluss anbringen:** Die Verschluss-Riegel an den seitlichen Kanten mittig jeweils mit der Vorderseite auf den Rücken legen, feststecken und knapp neben der Stoffkante festnähen.

19 **Körper nähen:** Rücken und Bauch rechts auf rechts aufeinander legen und feststecken. Nähe den Körper zusammen, spare dabei die Wendeöffnung und die Öffnung für den Kopf aus.

20 **Kopf anbringen:** Den Kopf wenden und rechts auf rechts in die Öffnung am Körper stecken.

21 **Kopf annähen:** Den Kopf mit der Hals-Öffnung an die Körper-Öffnung stecken. Die Oberseite des Kopfes muss auf dem Rücken liegen. Nähe dann Kopf und Körper rundum zusammen.

22 **Wenden und füllen:** Wende Körper und Kopf. Fülle den Drachen satt mit Füllwatte und schließe die Wendeöffnung.

23 **Formen:** Die Verschluss-Riegel unter dem Bauch zusammenkletten — schon wird aus dem Kissen ein Drache!

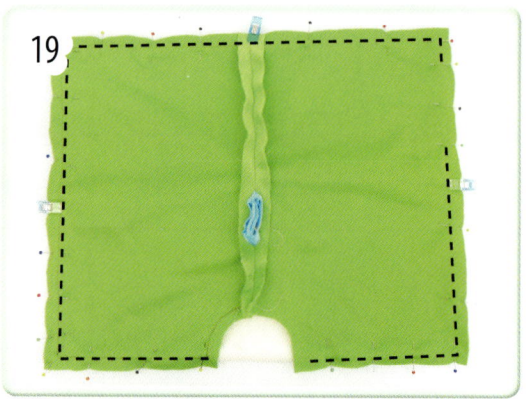

MR. and MRS. MOO

Kuscheltiere | Größe: ca. 25 x 35 cm und 18 x 30 cm | Schwierigkeit: mittel | Schnittmuster 6a-h auf Bogen B

MR. und MRS. Moo sind zwei lustige Monster die den Wald unsicher machen und den anderen Zauberwesen gerne Streiche spielen. Egal ob sie dem Einhorn Leyla die Mähne verknoten oder das Wolkenpony Paula als blinde Passagiere begleiten, diese zwei haben immer Spaß!

Material

Stoff für Mrs. Moo:
· Plüsch für Körper, Rückseite der Ohren, Arme und Pony: 35 x 55 cm
· Plüsch für Bauch, Hörner, Vorderseite der Ohren und Gesicht: 15 x 35 cm
· Baumwollstoff in Schwarz für Augen und Nase: 3 x 5 cm
· Plüsch für die Wangen: 3 x 6 cm

Stoff für Mr. Moo:
· Plüsch für Körper, Rückseite der Ohren und Arme: 35 x 60 cm
· Plüsch für Bauch, Hörner und Vorderseite der Ohren: 15 x 35 cm
· Plüsch für die Augen: 10 x 15 cm
· Baumwollstoffrest in Schwarz für Auge und Nase: 3 x 5 cm

Pro Figur jeweils:
· Vliesofix
· Füllwatte/Bastelwatte (waschbar)
· Sticktwist in Schwarz
· Nähgarn
· Evtl. einen Rasselball oder Quietscher

Zuschneiden

Für Mr. Moo die Schnittteile 6a-d, für Mrs. Moo die Schnittteile 6e-h auf Papier übertragen, ausschneiden und auf den Stoff übertragen. Anschließend die einzelnen Schnittteile mit einer Nahtzugabe von 1 cm ausschneiden. Die Applikationsteile auf das Klebevlies pausen und grob ausschneiden.

Nähen

Hinweis: Die Schnittmuster von Mr. und Mrs. Moo unterscheiden sich nur etwas in der Form, werden aber im Prinzip gleich genäht. Daher gilt die Anleitung für beide Kuscheltiere.

Gesicht

1 Gesicht: Die Applikationen vorbereiten und applizieren (siehe Seite 14). Sticke anschließend die Highlights in Augen und Nase sowie das Kreuzstich-Auge (bei Mr Moo), die Highlights in die Augen und die Wimpern (bei Mrs Moo) von Hand auf (siehe Seite 12).

Ohren

2 Stecken und nähen: Je ein seitenrichtiges und ein spiegelverkehrtes Teil für die Vorder- und Rückseite der Ohren rechts auf rechts aufeinander legen und feststecken. Nähe die Teile zusammen, die Wendeöffnung bleibt ausgespart.

3 Wenden: Nahtzugabe beschneiden (siehe Seite 8). Anschließend die Ohren wenden.

4 Falten: Falte die Ohren einmal längs, sodass die Schnittkanten der Wendeöffnung bündig aufeinander liegen. Die Falte knapp neben der Kante festnähen.

Hörner

5 Stecken und nähen: Je ein seitenrichtiges und ein spiegelverkehrtes Horn rechts auf rechts aufeinander legen und feststecken. Nähe die Teile zusammen, die Wendeöffnung bleibt ausgespart.

6 Wenden: Nahtzugabe beschneiden. Anschließend die Hörner wenden.

7 Füllen: Die Hörner mit etwas Füllwatte füllen.

Arme

8 Stecken und nähen: Je ein seitenrichtiges und ein spiegelverkehrtes Armteil rechts auf rechts auf einander legen und feststecken. Nähe die Teile zusammen, die Wendeöffnung bleibt ausgespart.

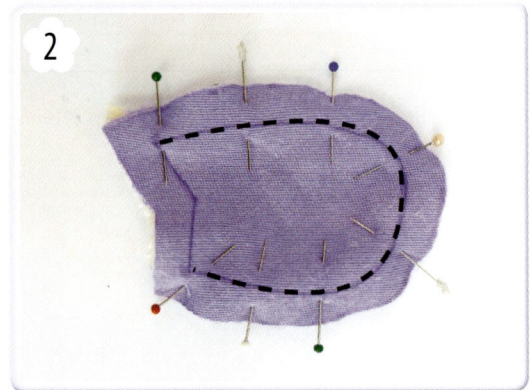

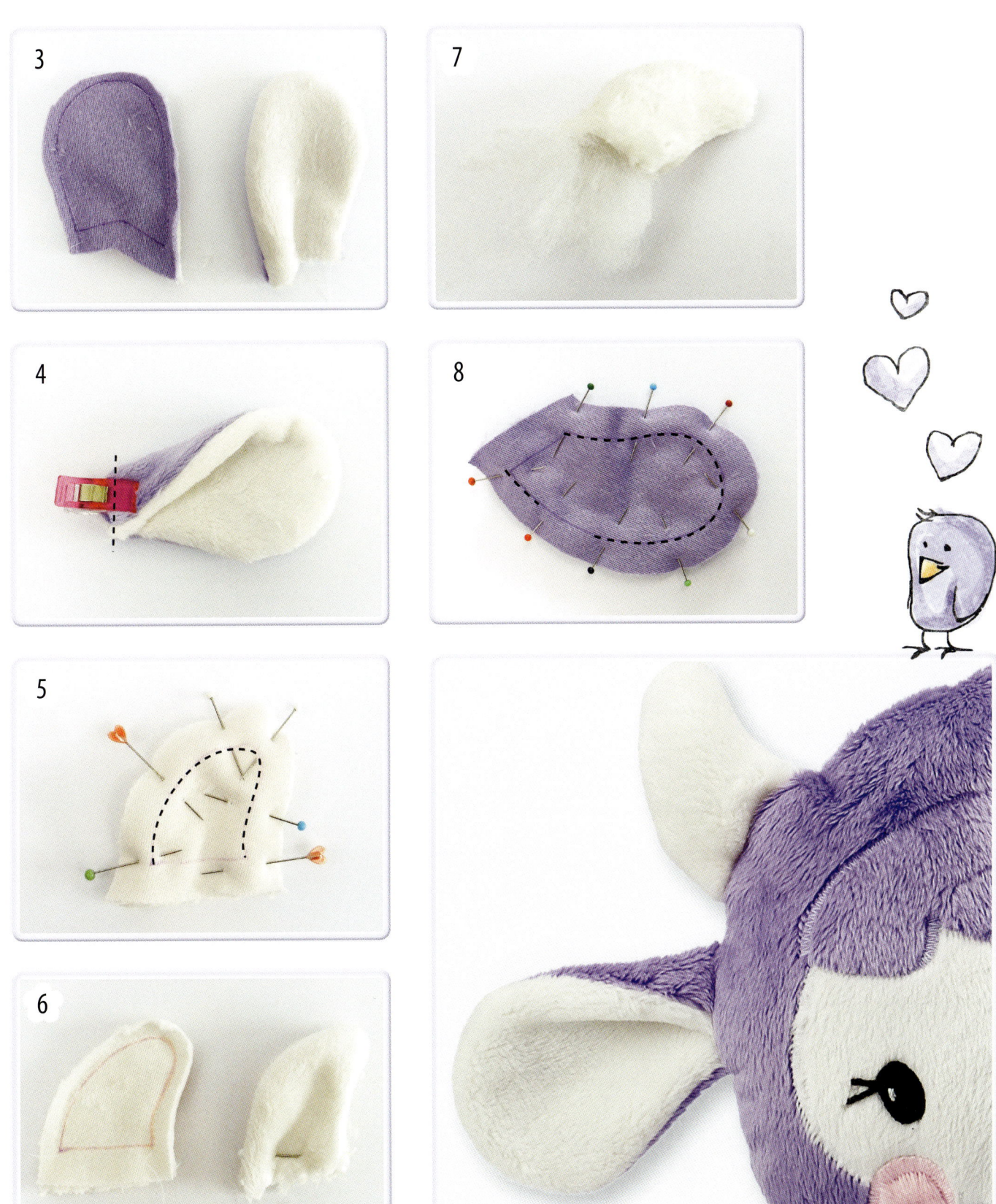

3

4

5

6

7

8

9 Wenden: Nahtzugabe beschneiden. Anschließend die Arme wenden.

Ohren, Hörner und Arme anbringen

10 Stecken und heften: Die Ohren, Hörner und Arme mit der Schnittkante auf die rechte Stoffseite der Vorderseite legen. Die Markierungen dafür sind im Schnittmuster eingezeichnet. Knapp neben der Schnittkante die einzelnen Teile mit großen Stichen festnähen.

Körper

11 Stecken und nähen: Körperteile rechts auf rechts aufeinander legen, stecken und zusammennähen, dabei die Wendeöffnung aussparen.

12 Nahtzugaben: Beschneiden.

13 Beine: Die Beine zwischen den Nähten einschneiden und die enge Rundung bis knapp vor die Naht einschneiden.

14 Hals: Die Ecke am Hals bis knapp vor die Naht einschneiden.

15 Wenden: Den Körper wenden. Körper und Arme mit Füllwatte stopfen. Wendeöffnung schließen.

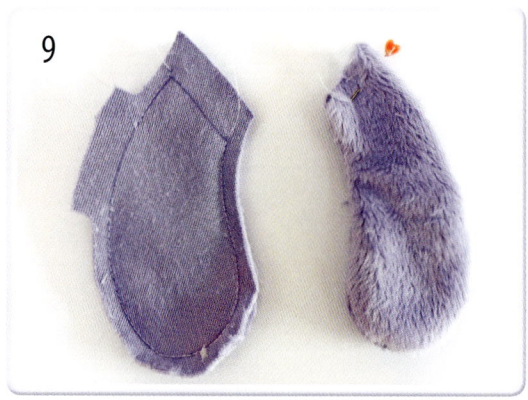

Little LOO

Schnuffeltuch | Größe: ca. 40 x 40 cm | Schwierigkeit: mittel | Schnittmuster 7a–e auf Bogen C und Halstuch S auf Bogen D

Little Loo ist das kleinste Monster im Zauberwald. Er fühlt sich einfach überall wohl – Hauptsache er hat jemanden zum Kuscheln und Liebhaben. Für einen flotten Ritt auf dem Wolkenpony Paula ist er trotzdem stets zu haben.

Material

· Plüsch für Kopf, Hinterkopf, Körper, Rückseite der Ohren und Rückseite des Körpers: 40 x 70 cm
· Plüsch für Hörner, Vorderseite der Ohren und Schnauze: 15 x 45 cm
· Stoff für die Vorderseite des Körpers: 45 x 45cm
· Baumwollstoff in Schwarz für Augen und Nase: 5 x 5 cm
· Baumwollstoff für das Halstuch: 10 x 70 cm
· Vliesofix
· Füllwatte/Bastelwatte (waschbar)
· Sticktwist in Schwarz und Weiß·
· Nähgarn

Zuschneiden

Alle Schnittteile auf Papier übertragen, ausschneiden und auf den Stoff übertragen. Anschließend die einzelnen Schnittteile mit einer Nahtzugabe von 1 cm ausschneiden. Applikationsteil auf das Klebevlies pausen und grob ausschneiden.

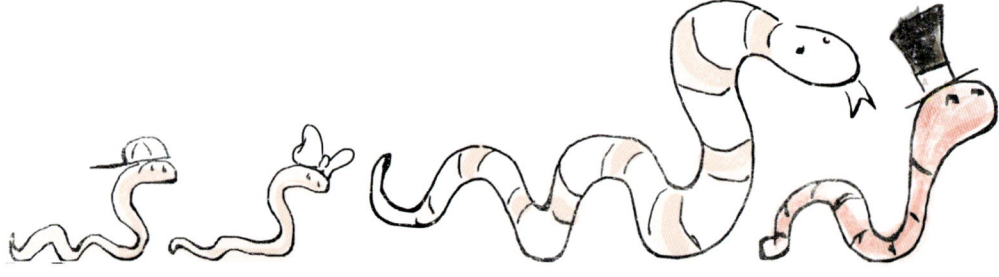

Nähen

Gesicht

1 **Schnauze und Augen:** Die Applikationen vorbereiten und applizieren (siehe Seite 14). Sticke anschließend das Kreuzstich-Auge, die Augenwimpern sowie die Highlights in Augen und Nase (siehe Seite 12).

Ohren

2 **Stecken und nähen:** Je ein seitenrichtiges und ein gegengleiches Teil für die Vorder- und Rückseite der Ohren rechts auf rechts aufeinander legen und feststecken. Nähe die Teile zusammen, dabei wird die Wendeöffnung ausgespart

3 **Nahtzugaben:** Zurück- und Einschneiden (siehe Seite 8).

4 **Wenden und falten:** Die Ohren wenden und längs falten, sodass die Schnittkanten der Wendeöffnung bündig aufeinander liegen. Die Falte knapp neben der Kante festnähen.

Hörner

5 **Stecken und nähen:** Je zwei Hörner rechts auf rechts aufeinander legen und feststecken. Nähe die Teile zusammen, die Wendeöffnung bleibt ausgespart.

6 **Nahtzugaben:** Zurück- und einschneiden.

7 **Wenden und füllen:** Die Hörner wenden und mit etwas Füllwatte füllen.

Hinterkopf

8 **Stecken und nähen:** Die Hinterkopfhälften rechts auf rechts aufeinander legen und feststecken. Die Teile an der geraden Kante zusammennähen, dabei wird die Füllöffnung ausgespart.

Ohren und Hörner anbringen

9 **Stecken und nähen:** Die Ohren und Hörner mit der Schnittkante auf die rechte Stoffseite der Vorderseite legen (die Markierung dafür ist im Schnittmuster eingezeichnet). Knapp neben der Schnittkante die einzelnen Teile mit großen Stichen festheften.

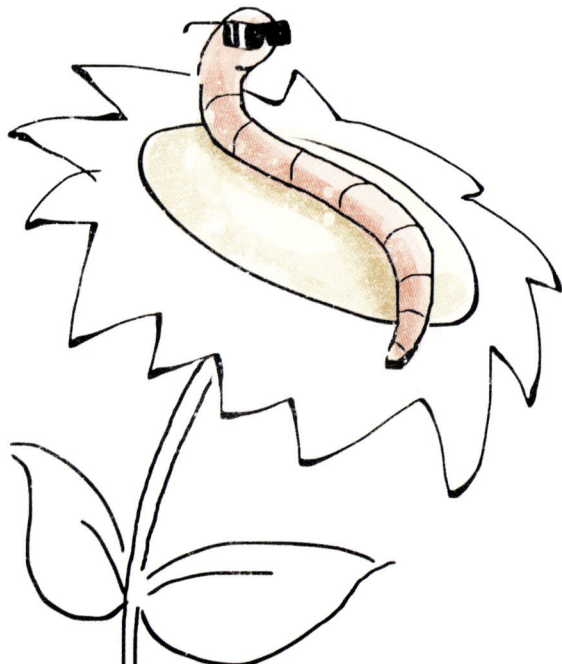

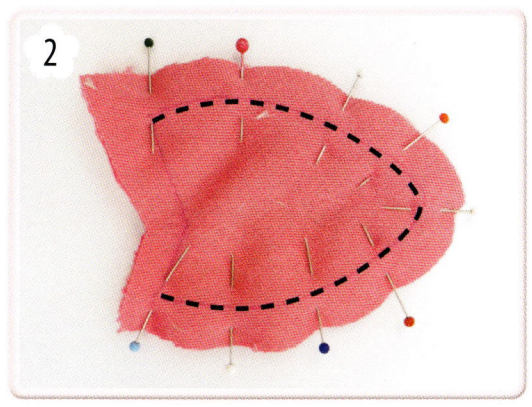

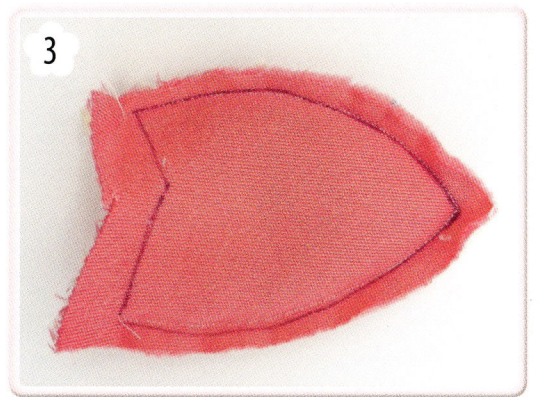

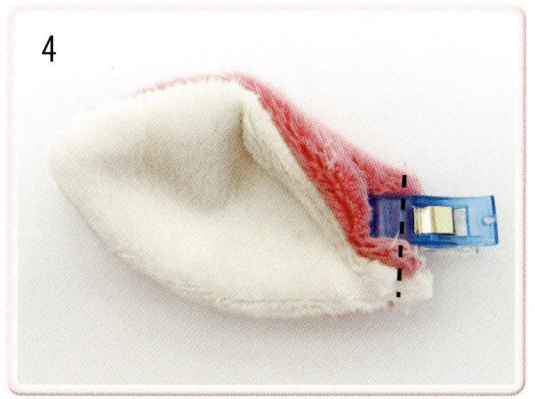

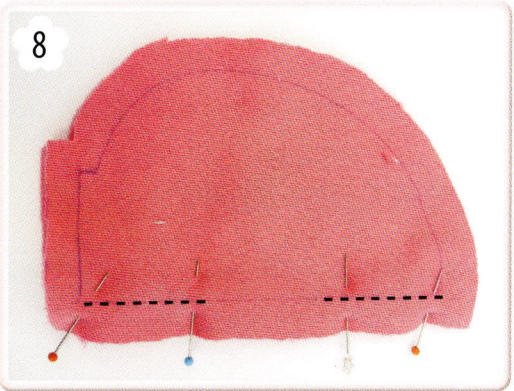

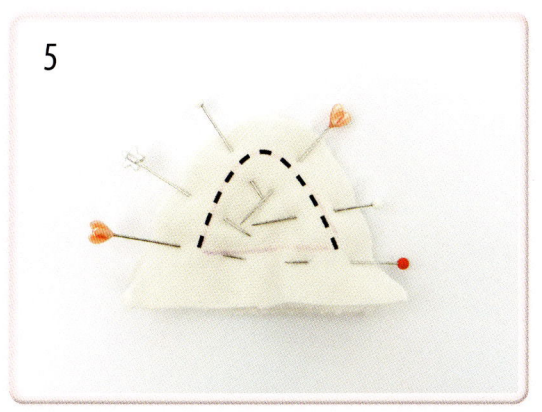

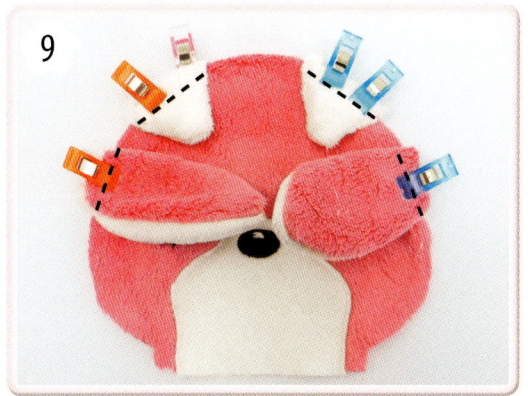

Kopf

10 **Stecken und nähen:** Die Vorder- und Rückseite des Kopfs rechts auf rechts aufeinander legen und feststecken. Den Kopf zusammennähen, die Wendeöffnung aussparen.

11 **Nahtzugaben:** Zurück- und einschneiden.

Körper

12 **Kopf anbringen:** Den gewendeten Kopf mit dem Hinterkopf rechts auf rechts auf die Körper-Rückseite legen und feststecken (die Markierung für den Kopfansatz findest du im Schnittmuster). Nähe den Kopf knapp neben der Stoffkante fest.

13 **Stecken und nähen:** Die Körperteile rechts auf rechts aufeinander legen und feststecken. Nähe den Körper zusammen, lasse dabei die Wendeöffnung frei.

14 **Nahtzugaben:** Zurück- und einschneiden.

15 **Beine:** Die Ecken zwischen den Beinen bis knapp vor die Naht einschneiden.

16 **Wenden und füllen:** Körper wenden. Stopfe den Kopf durch die Öffnung am Hinterkopf mit Füllwatte. Schließe die Wendeöffnung.

17 **Beine:** In die Beine wird je ein Knoten gebunden.

18 **Halstuch:** Nähen (siehe Seite 10) und umbinden.

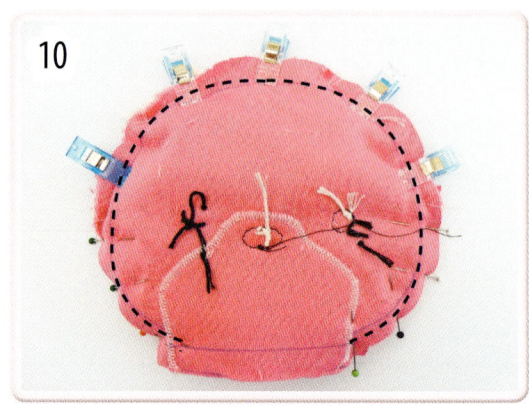

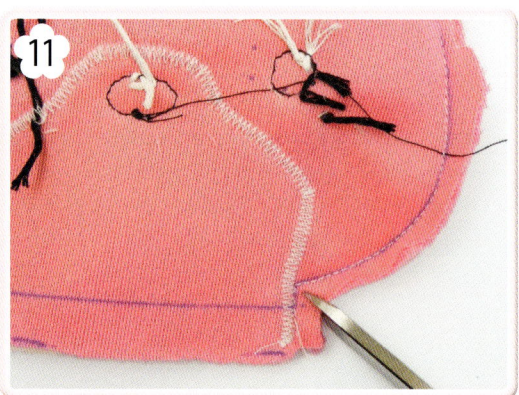

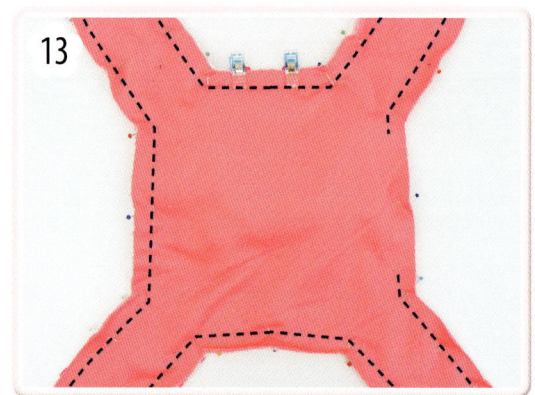

Im Zoo ist immer was los! Oft geht es dabei dann drunter und drüber!!
Besonders, wenn Franz Flamingo eine seiner spaßigen Partys schmeißt
oder Äffchen Nana witzige Kunststücke vorführt. Aber sobald Max Kroko
am Abend eine Abenteuergeschichte erzählt, wird es ganz ruhig, denn
jeder möchte seiner spannenden Erzählung lauschen.

Der KUSCHELZOO

Giraffe KLARA

Kuscheltier | Größe: ca. 35 cm hoch | Schwierigkeit: mittel | Schnittmuster 9a-e auf Bogen C

Klara ist sanftmütig und liebevoll, hat für ihre Freunde stets ein offenes Ohr und ist immer für sie da. Manchmal ärgert das kleine Äffchen Nana Klara, indem er an ihrem Hals rauf und runter klettert. Trotzdem kann sie dem kleinen wilden Äffchen nicht böse sein.

Material

- Microfaserplüsch für Körper, Rückseite der Ohren, Beine und Schwanz: 40 x 80 cm
- Microfaserplüsch für Hufe und Applikationen: 3x je 8 x 50 cm
- Microfaserplüsch für die Schnauze: 15 x 15 cm
- Baumwollstoff für Huf, Vorderseite der Ohren und Applikation: 10 x 35 cm
- Vliesofix
- Füllwatte/Bastelwatte (waschbar)
- Sticktwist in Schwarz
- Nähgarn
- Baumwollkordel, ca. 8-10 mm Ø: 20 cm

Zuschneiden

Alle Schnittteile auf Papier übertragen, ausschneiden und auf den Stoff übertragen. Anschließend die einzelnen Schnittteile mit einer Nahtzugabe von 1 cm ausschneiden. Applikationsteile auf das Klebevlies pausen und grob ausschneiden.

Nähen

Gesicht und Flecken

1 **Applizieren und sticken:** Das Auge jeweils auf die linke Stoffseite der beiden Körperhälften übertragen und von Hand sticken (siehe Seite 12). Nüster jeweils mit einem Knötchenstich auf die Schnauzenteile sticken. Die Applikationen für die Flecken vorbereiten und applizieren (siehe Seite 14).

Ohren

2 **Stecken und nähen:** Je ein seitenrichtiges und ein gegengleiches Teil für die Vorder- und Rückseite der Ohren rechts auf rechts aufeinander legen und feststecken. Nähe die Teile zusammen, die Wendeöffnung bleibt ausgespart. Nahtzugaben beschneiden (siehe Seite 8).

3 **Wenden:** Ohren wenden. Falte die Ohren jeweils längs zur Hälfte, sodass die Schnittkanten der Wendeöffnung bündig aufeinander liegen. Die Falte knapp neben der Kante festnähen.

Beine

4 **Hufe annähen:** Pro Bein zweimal je ein Hufteil rechts auf rechts an ein Beinteil legen und feststecken. Nähe Huf und Bein zusammen. Klappe die Teile auf.

5 **Beine nähen:** Lege nun die Beinteile rechts auf rechts aufeinander. Stecke die Kanten fest. Nähe das Bein zusammen. Lasse seitlich eine Füllöffnung frei.

Körperhälfte

6 **Schnauze anbringen:** Eine Schnauze an einer Körperhälfte rechts auf rechts auf den Kopf legen und feststecken. Nähe die Schnauze fest.

7 **Abnäher:** Den Abnäher mittig einschneiden.

8 **Ohr anbringen:** Ein Ohr rechts auf rechts an die untere Kante des Abnähers legen und feststecken.

1

2

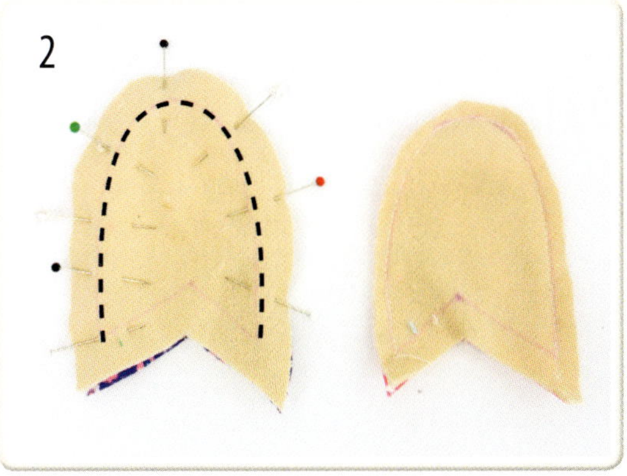

3

4

5

6

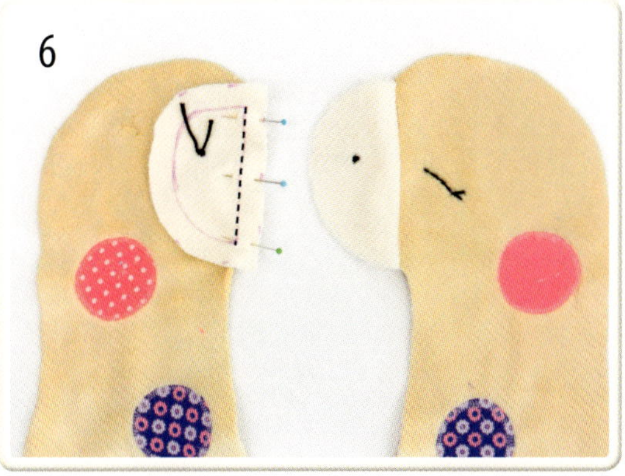

7

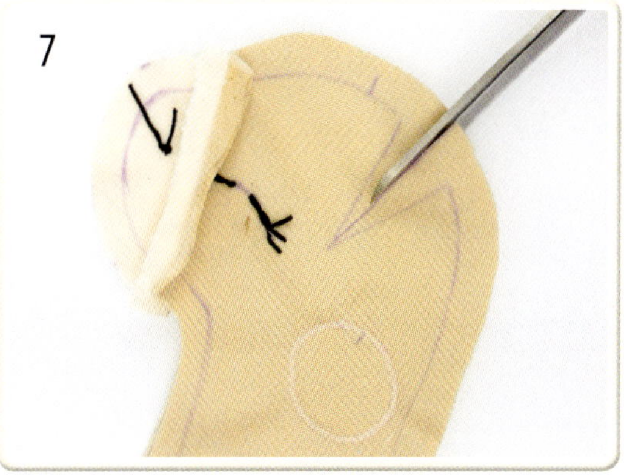

8

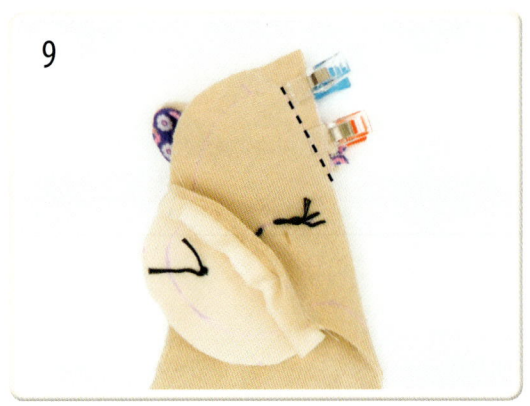

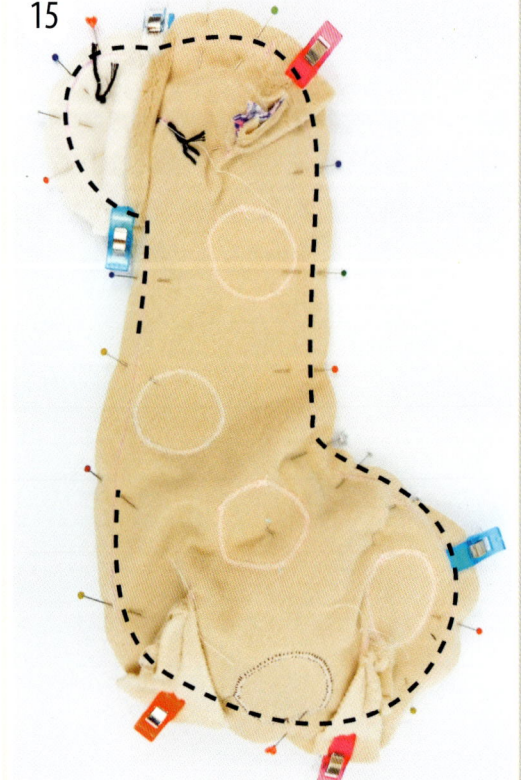

9 **Abnäher schließen:** Die zweite Abnäher-Kante rechts auf rechts über das Ohr falten und den Abnäher schließen, dabei die Naht zur Stoffbruchkante hin schmal auslaufen lassen.

10 **Beine anbringen:** Ein Bein jeweils rechts auf rechts an die untere Kante eines Bein-Abnähers legen und feststecken.

11 **Abnäher schließen:** Die zweite Abnäher-Kante rechts auf rechts über das Bein falten und dann den Abnäher schließen.

12 **Schwanz anbringen:** Verknote ein Kordelende und schneide für den Schwanz ein ca. 6-8 cm langes Stück Kordel ab. Stecke den Schwanz mit der offenen Kante laut Schnittmarkierung auf eine Körperhälfte.

13 **Hörner anbringen:** Für die Hörner in gleicher Weise zwei 5-6 cm lange Stücke Kordel vorbereiten und feststecken.

14 **Beine:** Die Ohren und die Beine so auf dem Körper feststecken, dass sie beim Nähen des Körpers nicht zwischen die Naht rutschen können.

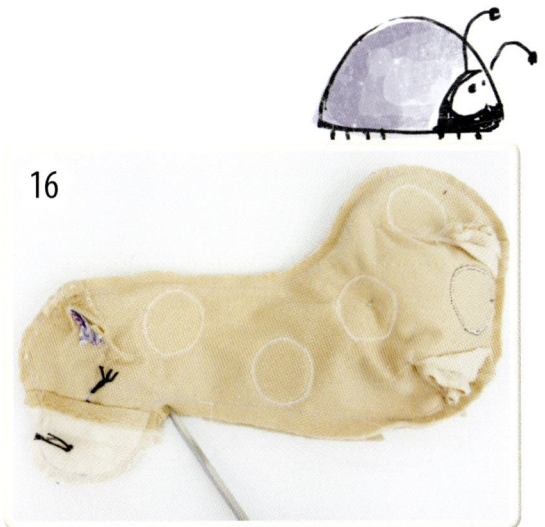

Körper

15 **Stecken und nähen:** Die Körperteile rechts auf rechts aufeinander legen und feststecken. Nähe den Körper zusammen, lasse dabei die Wendeöffnung frei.

16 **Nahtzugaben:** Zurück- und einschneiden.

17 **Wenden und füllen:** Den Körper wenden und satt mit Füllwatte füllen. Öffnung von Hand schließen.

DELFINA

Rassel | Größe: ca. 16 x 18 cm | Schwierigkeit: leicht | Schnittmuster 10a-d auf Bogen D

Delfina ist liebvoll und noch sehr verspielt. Wenn Delfina durchs Wasser schießt und tolle Sprünge macht, hat sie dabei die größte Freude. Bei besonders guter Laune nimmt sie sogar ihre beste Freundin Valentina auf dem Rücken mit.

Material

· Nicki für den Körper: 25 x 40 cm
· Baumwollstoff für die Flossen:
  10 x 50 cm
· Nicki für den Bauch: 8 x 8 cm
· Vliesofix
· Füllwatte/Bastelwatte
· Sticktwist in Schwarz
· Nähgarn
· Rasselball

Zuschneiden

Alle Schnittteile auf Papier übertragen, ausschneiden und auf den Stoff übertragen. Anschließend die einzelnen Schnittteile mit einer Nahtzugabe von 1 cm ausschneiden. Der Stoff zwischen Schwanzflosse und Bauch wird nicht eingeschnitten.
Applikationsteile auf das Klebevlies pausen und grob ausschneiden.

Nähen

Augen

1 **Augen sticken:** Das Auge jeweils auf die linke Stoffseite der Kopfhälften übertragen und von Hand sticken (siehe Seite 12).

Seitenflossen

2 **Stecken und nähen:** Für die Seitenflossen je ein seitenrichtiges und ein spiegelverkehrtes Teil rechts auf rechts aufeinander legen und feststecken. Nähe die Teile zusammen, die Wendeöffnung bleibt offen. Die Nahtzugaben beschneiden (siehe Seite 8)

3 **Wenden:** Seitenflossen wenden.

4 **Seitenflossen anbringen:** Die Seitenflosse wird jeweils mit einer Bauchapplikation auf einer Körperhälfte befestigt. Dafür muss zunächst der Bauch und die Flosse auf dem Körperteil platziert werden. Schneide dafür aus dem Körper-Papierschnittmuster den Bauch aus und lege das Schnittmuster auf eine Körperhälfte. Anschließend wird die Flosse auf das Schnittmuster gelegt.

Applikation

5 **Bauch:** Die Applikation für den Bauch vorbereiten (siehe Seite 14). Lege den Bauch auf die Körperhälfte mit Flosse. Das Schnittmuster unter der Flosse wegziehen und den Bauch festbügeln. Appliziere den Bauch mit einem engen Zickzackstich.

Körper

6 **Rückenflosse:** Die Rückenflosse wie die Seitenflossen nähen. Lege die gewendete Rückenflosse laut Schnittmarkierung auf die rechte Stoffseite eines Körperteils. Nähe die Flosse knapp neben der Stoffkante fest.

7 **Körper nähen:** Die Körperteile rechts auf rechts aufeinander legen und feststecken. Nähe den Körper zusammen, die Wendeöffnung aussparen.

8 **Nahtzugaben:** Zurück- und einschneiden.

9 **Wenden und füllen:** Den Körper wenden und satt mit Füllwatte füllen. Den Rasselball hineinstecken und die Wendeöffnung schließen.

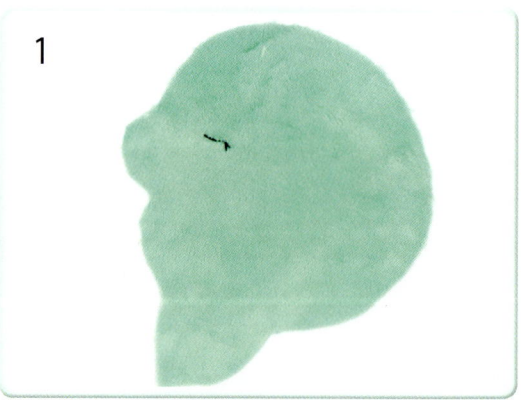

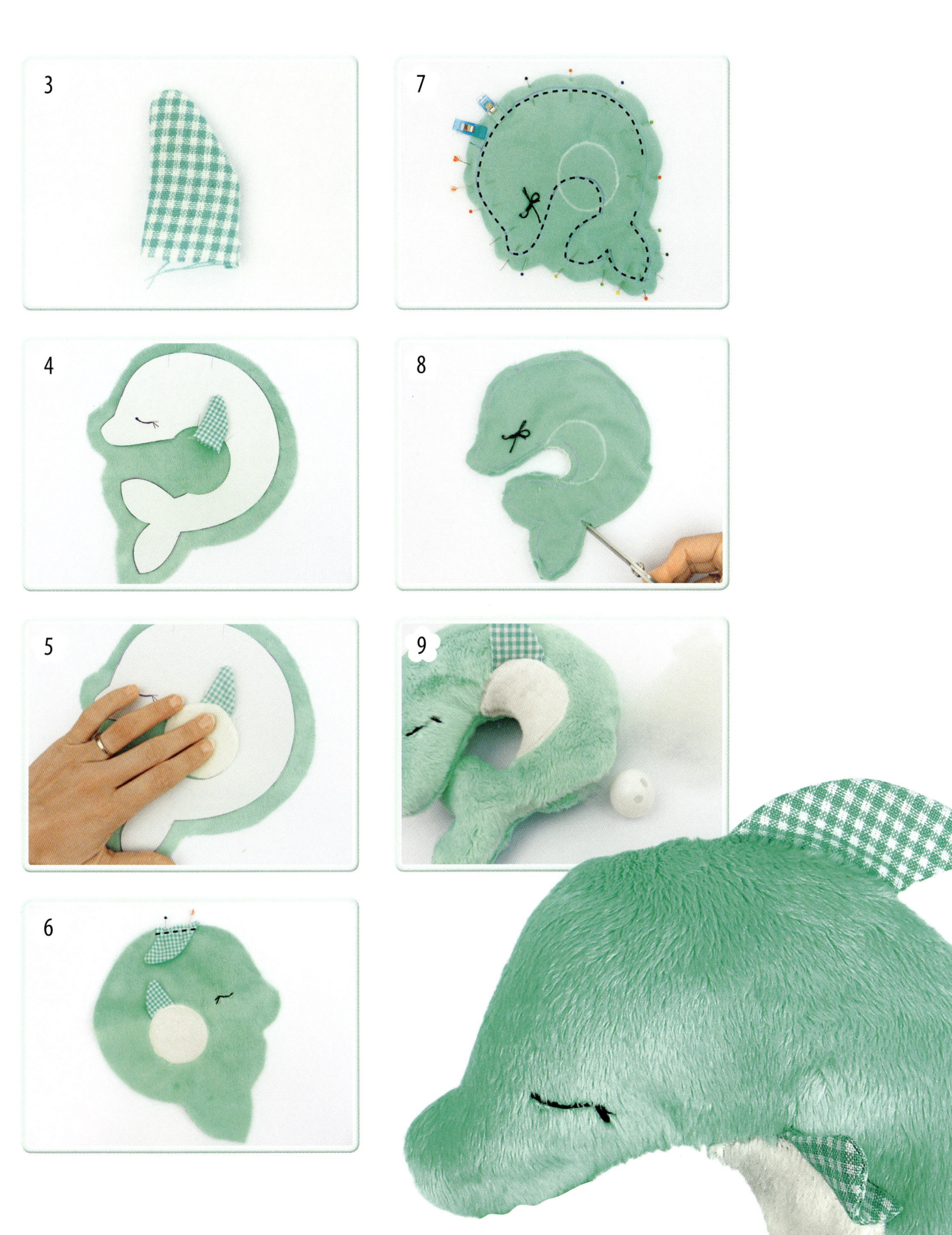

Seepferdchen VALENTINA

Kuscheltier | Größe: ca. 17 x 30 cm | Schwierigkeit: mittel | Schnittmuster 11a–h auf Bogen D

Valentina ist ein kleines freundliches Seepferdchen, das hier an einem wunderschönen Riff lebt. Sie liebt es, am Riff entlang zu schwimmen und mit den anderen Wassertieren zu spielen. Am allerliebsten jedoch lauscht sie spannenden Geschichten über Tiefsee-Monster ...

Material

- Microfaserplüsch für Körper, Rückseite der Flügel und Kopf: 40 x 55 cm
- Microfaserplüsch für den Bauch: 20 x 25 cm
- Microfaserplüsch für Mähne, Ohren und Flügelspitze: 25 x 50 cm
- Baumwollstoff für die Vorderseite der Flügel: 15 x 20 cm
- Füllwatte/Bastelwatte (waschbar)
- Sticktwist in Schwarz
- Nähgarn

Zuschneiden

Alle Schnittteile auf Papier übertragen, ausschneiden und auf den Stoff übertragen. Anschließend die einzelnen Schnittteile mit einer Nahtzugabe von 1 cm ausschneiden. Den Stoff zwischen Bauch und Schwanz zunächst nicht einschneiden.

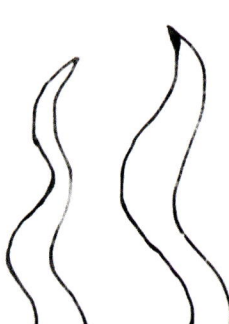

Nähen

Augen

1 **Augen sticken:** Das Auge jeweils auf die linke Stoffseite der beiden Kopfhälften übertragen und von Hand sticken (siehe Seite 12).

Mähne

2 **Stecken und nähen:** Die Teile für die Mähne rechts auf rechts aufeinander legen und feststecken. Nähe die Mähne zusammen, die Wendeöffnung bleibt ausgespart.

3 **Nahtzugaben:** Zurück- und einschneiden (siehe Seite 8).

4 **Wenden:** Wende die Mähne und arbeite die Rundungen heraus.

Ohren

5 **Stecken und nähen:** Je zwei Ohr-Teile rechts auf rechts aufeinander legen und feststecken. Nähe die Teile zusammen, die Wendeöffnung bleibt ausgespart. Die Nahtzugaben beschneiden.

6 **Wenden:** Wende die Ohren und arbeite die Rundungen heraus. Die Ohren jeweils zwischen den Rundungen einmal der Länge nach absteppen.

Flügel

7 **Flügel Vorderseite:** Je eine Flügelspitze rechts auf rechts auf ein Flügel-Vorderteil legen und feststecken. Nähe die Teile zusammen. Nahtzugaben auseinander bügeln.

8 **Flügel nähen:** Je eine Flügel-Vorderseite und eine Flügel-Rückseite rechts auf rechts aufeinander legen und feststecken. Nähe die Flügel zusammen, die Wendeöffnung bleibt ausgespart.

9 **Wenden:** Nahtzugaben beschneiden. Wende die Flügel und arbeite die Rundungen heraus.

78

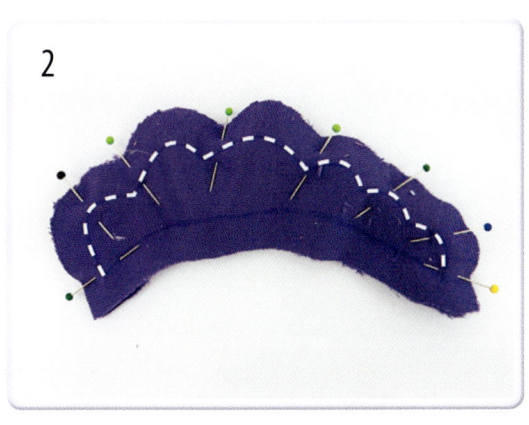

2

6

3

7

4

8

5

9

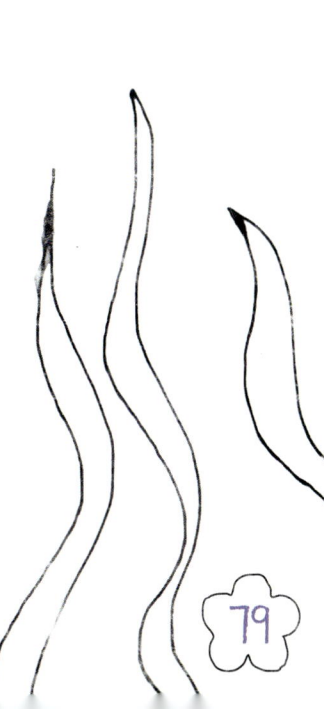

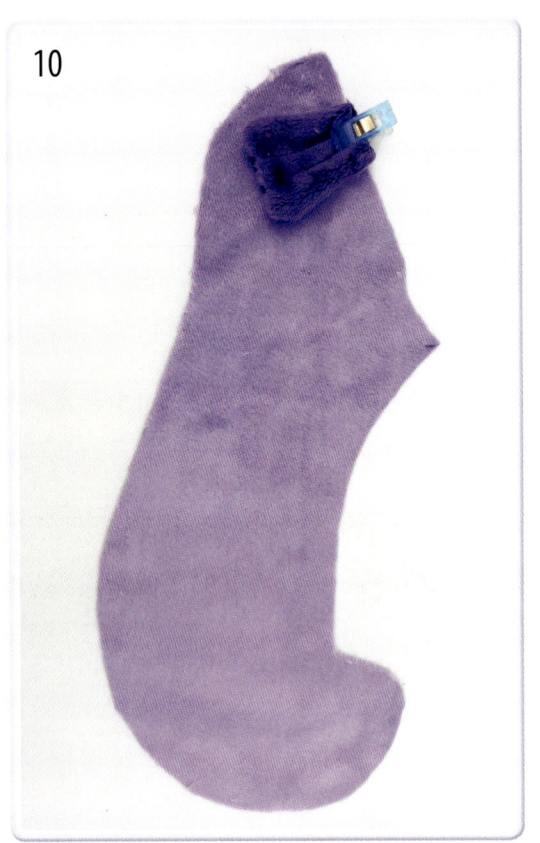

10

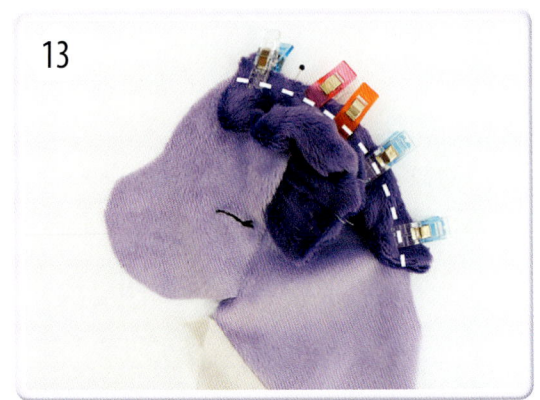

13

14

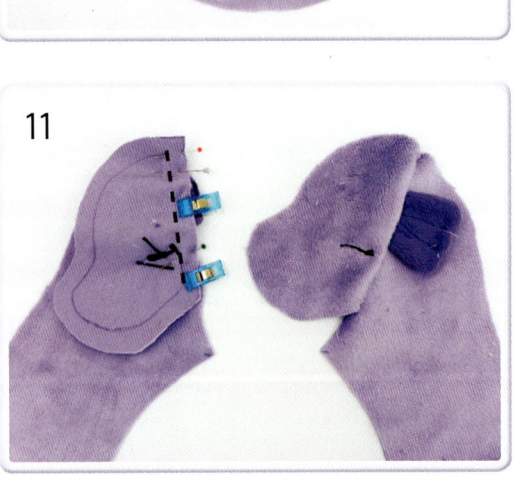

11

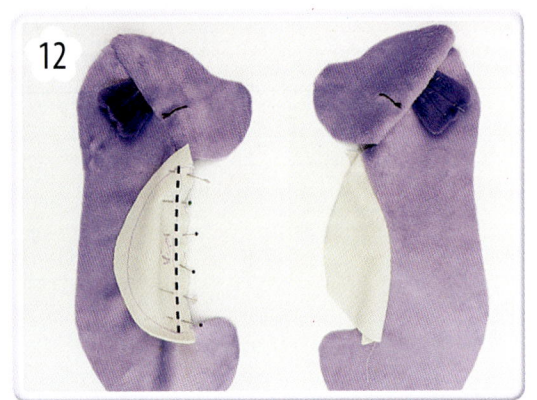

12

15

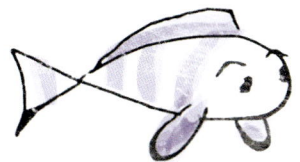

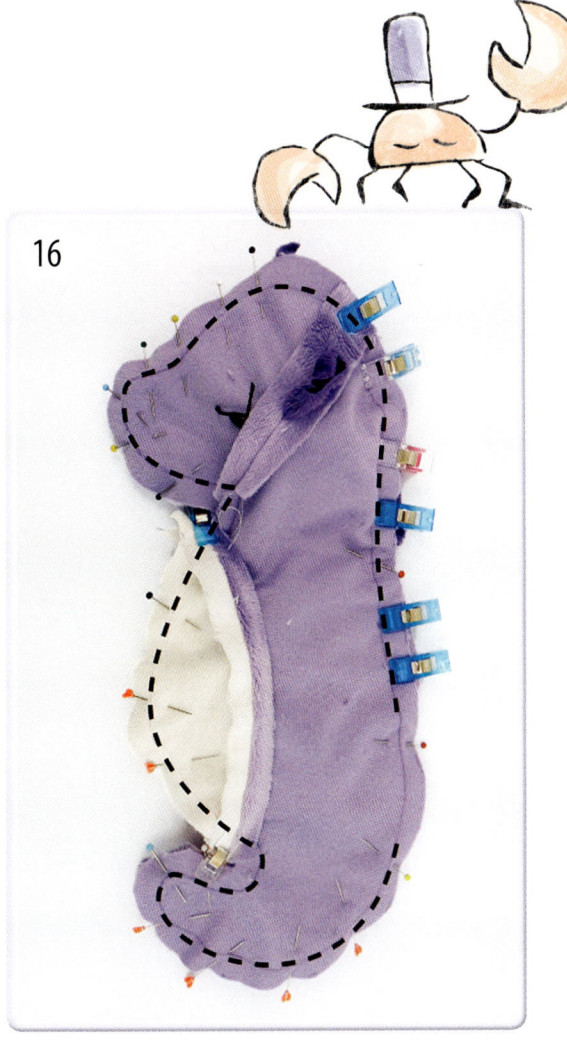

16

17

Körperhälften

10 **Ohren anbringen:** Je ein Ohr rechts auf rechts auf ein Körperteil legen und feststecken.

11 **Kopf:** Je ein Kopfteil rechts auf rechts auf ein Körperteil legen und feststecken. Nähe dann Kopf und Körper zusammen.

12 **Bauch:** Lege je ein Bauch rechts auf rechts auf ein Körperteil und stecke ihn fest. Bauch und Körper zusammennähen.

13 **Mähne anbringen:** Die Mähne mit der Wendeöffnung an der Schnittkante auf ein Körperteil legen und feststecken. Nähe die Mähne knapp neben der Schnittkante fest.

14 **Flügel anbringen:** Die Flügel mit den Rückseiten aufeinander legen und gemeinsam auf die rechte Stoffseite einer Körperhälfte legen. Flügel feststecken und knapp neben der Stoffkante festnähen.

Körper

15 **Einschneiden:** Schneide nun den Stoff zwischen Bauch und Schwanz mittig bis 1 cm vor der Nahtlinie ein.

16 **Stecken und nähen:** Die Körperhälften rechts auf rechts aufeinander legen und feststecken. Nähe den Körper zusammen, die Wendeöffnung aussparen.

17 **Wenden und füllen:** Nahtzugaben beschneiden. Den Körper wenden und mit Füllwatte füllen. Wendeöffnung schließen.

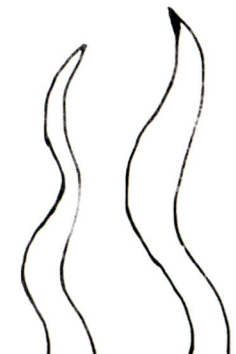

FRANZ FLAMINGO

Kuscheltier | Größe: ca. 25 x 25 cm | Schwierigkeit: leicht | Schnittmuster 12a-f auf Bogen D

Franz Flamingo ist ein verrückter und witziger Zeitgenosse.
Er schmeißt die besten Partys im ganzen Zoo! Dabei haben
alle Zootiere immer jede Menge Spaß, besonders wenn Franz
mit seiner Tanz-Einlage beginnt.

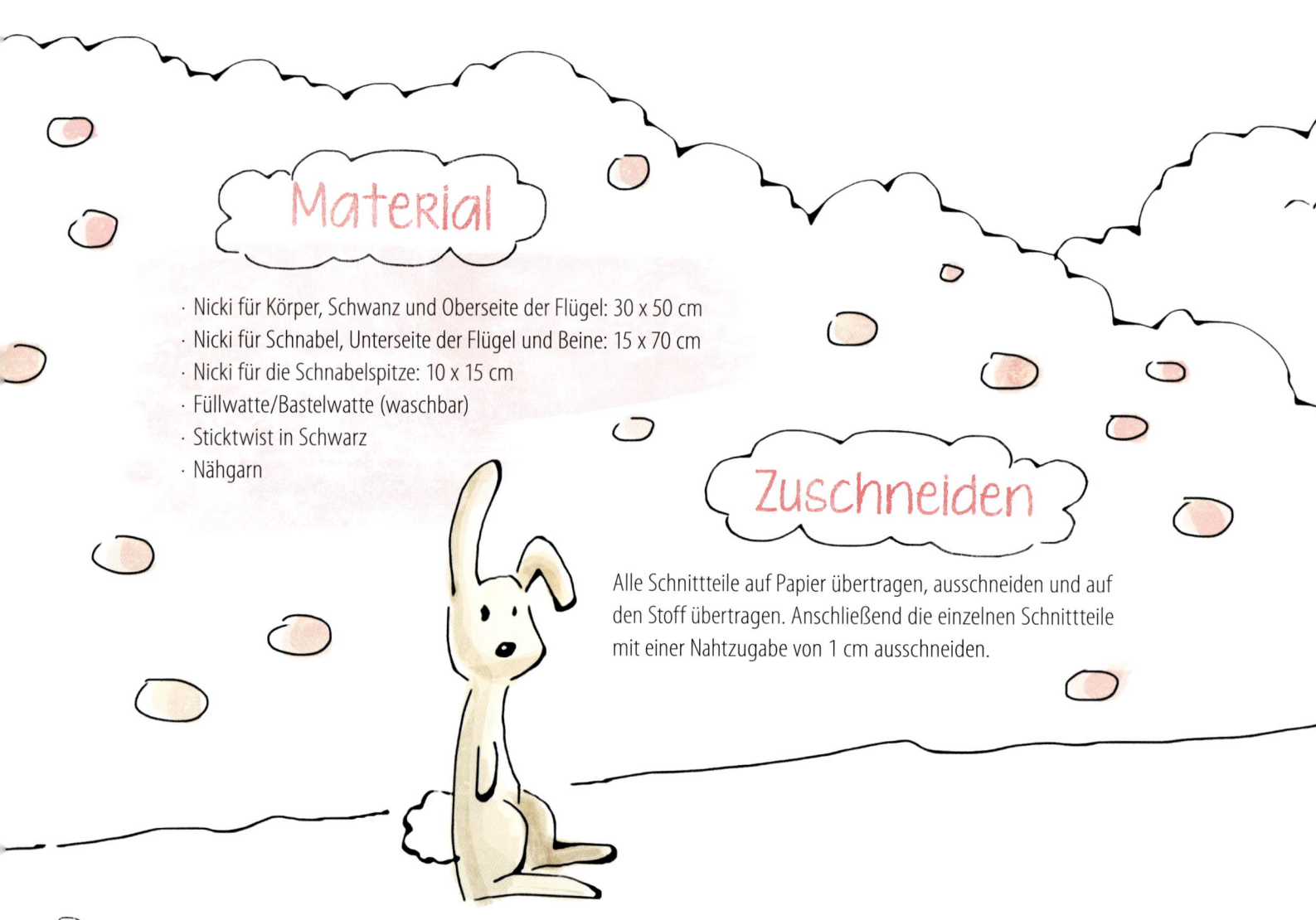

Material

· Nicki für Körper, Schwanz und Oberseite der Flügel: 30 x 50 cm
· Nicki für Schnabel, Unterseite der Flügel und Beine: 15 x 70 cm
· Nicki für die Schnabelspitze: 10 x 15 cm
· Füllwatte/Bastelwatte (waschbar)
· Sticktwist in Schwarz
· Nähgarn

Zuschneiden

Alle Schnittteile auf Papier übertragen, ausschneiden und auf
den Stoff übertragen. Anschließend die einzelnen Schnittteile
mit einer Nahtzugabe von 1 cm ausschneiden.

Nähen

Gesicht

1 **Sticken:** Das Auge jeweils auf die linke Stoffseite der beiden Körperhälften übertragen und von Hand sticken (siehe Seite 12).

Flügel und Füße

2 **Stecken und nähen:** Je ein seitenrichtiges und ein gegengleiches Flügelteil, sowie je eine Fußteil rechts auf rechts aufeinander legen und feststecken. Nähe die Teile jeweils zusammen, die Wendeöffnung bleibt ausgespart. Nahtzugaben beschneiden (siehe Seite 8).

3 **Wenden und absteppen:** Flügel und Füße wenden. Die Flügel parallel zur unteren Kante zweimal im Abstand von 5 mm absteppen.

Schnabel

4 **Schnabelteile:** Jeweils ein Teil für die Schnabelspitze und die Schnabelmitte rechts auf rechts aufeinander legen und feststecken. Nähe die Teile zusammen.

5 **Schnabel annähen:** Den Schnabel jeweils an einer Körperhälfte auf den Kopf legen, feststecken und annähen.

Körperhälfte

6 **Flügel und Füße anbringen:** Einen Flügel mit der Unterseite auf ein Körperteil legen und feststecken. Ebenfalls einen Fuß auflegen und feststecken. Nähe die einzelnen Teile knapp neben der Stoffkante fest.

7 **Schwanzteil annähen:** Ein Schwanzteil rechts auf rechts auf ein Körperteil legen und feststecken. Die Teile zusammennähen.

Körper

8 **Körper nähen:** Die beiden Körperhälften rechts auf rechts aufeinander legen und feststecken. Nähe die Teile zusammen.

9 **Nahtzugaben:** Zurück- und einschneiden.

10 **Wenden und stopfen:** Den Körper wenden und mit Füllwatte füllen. Öffnung schließen. Die Füße werden ebenfalls mit Füllwatte gefüllt. Schließe auch hier die Öffnungen.

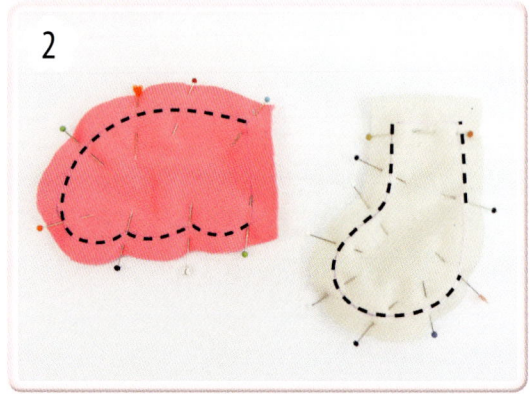

3

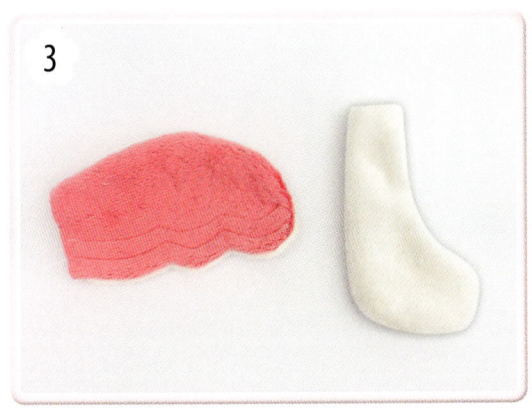

7

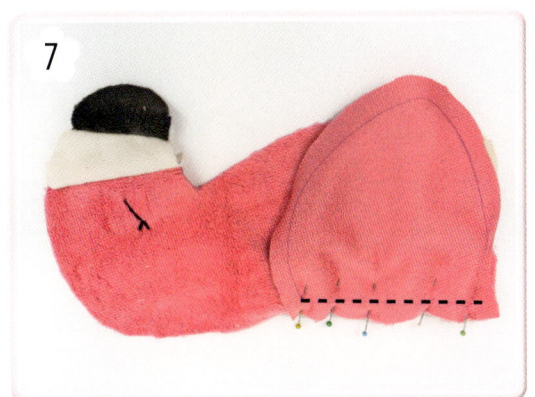

4

8

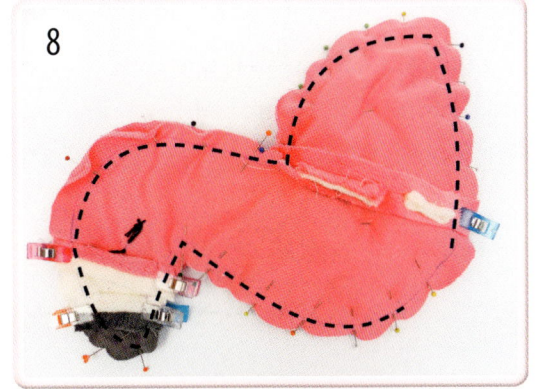

5

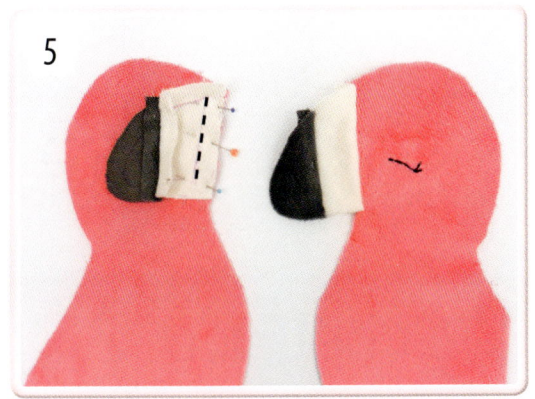

9

6

10

85

Elefant EMILIO

Schnuffeltuch | Größe: ca. 40 cm lang | Schwierigkeit: mittel | Schnittmuster 13a–f auf Bogen C und Halstuch M auf Bogen D

Töööröööö! So laut tröten kann nur der kleine Elefant Emilio. Er wünscht sich vor allem, dass Kinder mit ihm kuscheln und schmusen. Aber Achtung! Er hat auch jede Menge Quatsch und Blödsinn im Kopf. Also haltet im Zoo besser euer Popcorn fest ...

Material

· Frottee für Kopf, Rückseite der Ohren, Hals, Stirn und Rückseite des Körpers: 50 x 85 cm
· Baumwollstoff für die Vorderseite der Ohren und des Körpers: 50 x 45 cm
· Baumwollstoff für das Halstuch: 15 x 100 cm
· Füllwatte/Bastelwatte (waschbar)
· Sticktwist in Schwarz
· Nähgarn

Zuschneiden

Alle Schnittteile auf Papier übertragen, ausschneiden und auf den Stoff übertragen. Das Schnittmuster enthält verschiedene Varianten für die Beine (siehe Seite 10). Anschließend die einzelnen Schnittteile mit einer Nahtzugabe von 1 cm ausschneiden. Zwischen Rüssel und Kopf den Stoff bis zur Markierung einschneiden.

Nähen

Augen

1 **Augen sticken:** Das Auge jeweils auf die linke Stoffseite der beiden Kopfhälften übertragen und von Hand sticken (siehe Seite 12)

Ohren

2 **Stecken und nähen:** Je ein seitenrichtiges und ein gegengleiches Teil für die Vorder- und Rückseite der Ohren rechts auf rechts aufeinander legen und feststecken. Nähe die Teile zusammen, dabei wird die Wendeöffnung ausgespart.

3 **Nahtzugaben:** Zurück- und einschneiden, siehe Seite 9.

4 **Wenden:** Die Ohren wenden und längs falten, sodass die Schnittkanten der Wendeöffnung bündig aufeinander liegen. Die Falte knapp neben der Kante festnähen.

Schwanz

5 **Stecken und nähen:** Stecke die Schwanzteile rechts auf rechts aufeinander. Nähe die Teile zusammen, dabei die Wendeöffnung aussparen.

6 **Nahtzugaben:** Zurück- und einschneiden. Den Schwanz wenden und einen Knoten hinein binden.

Kopf

7 **Ohr:** Jeweils ein Ohr mit der Vorderseite auf die rechte Stoffseite eines Kopfteils legen und feststecken.

8 **Hals:** Anschließend an einer Kopfhälfte den Hals rechts auf rechts auf das Ohr sowie den Kopf legen und feststecken. Nähe den Hals fest.

9 **Stirn:** Die Stirn rechts auf rechts auf die Kopfhälfte legen. Die Spitze der Stirn wird auf die Markierung am Rüssel gelegt und festgesteckt. Nähe die Stirn bis zur Markierung fest.

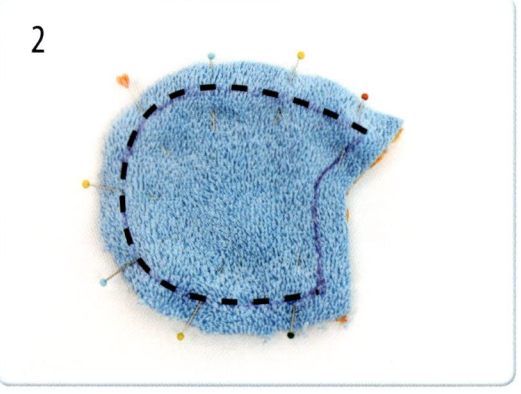

4

8

5

9

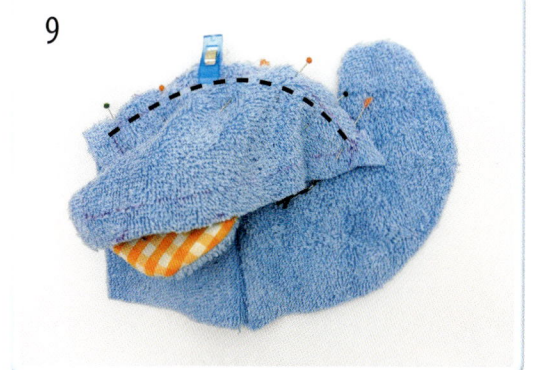

6

7

10

11

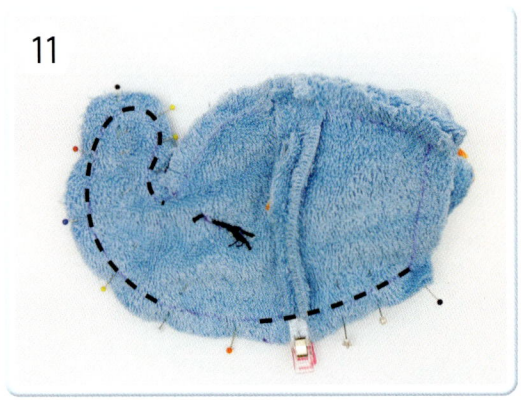

12

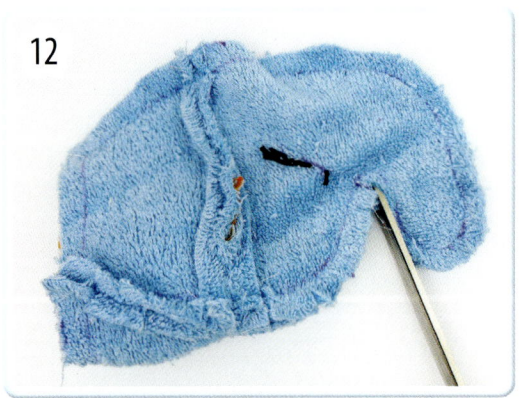

13

14

15

16

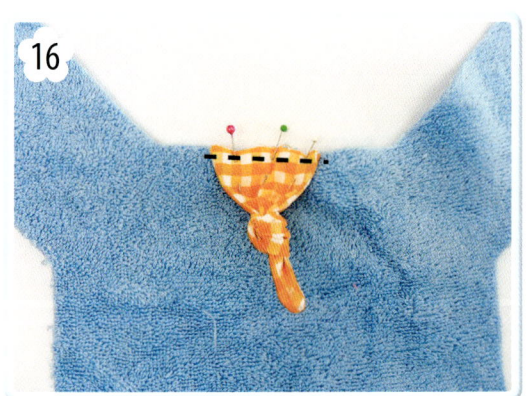

17

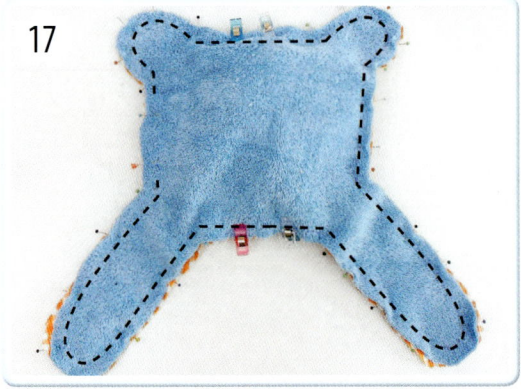

10 **Stirn:** Dann die Stirn rechts auf rechts auf die zweite Kopfhälfte legen und wie bei der ersten Kopfhälfte beschrieben nähen.

11 **Kopf:** Die beiden Kopfhälften rechts auf rechts aufeinander legen und die untere Seite sowie den Rüssel feststecken. Nähe bis zur Markierung am Rüssel, die Wendeöffnung frei lassen. Die Nähte von Stirn und Kopf dürfen sich nicht überschneiden.

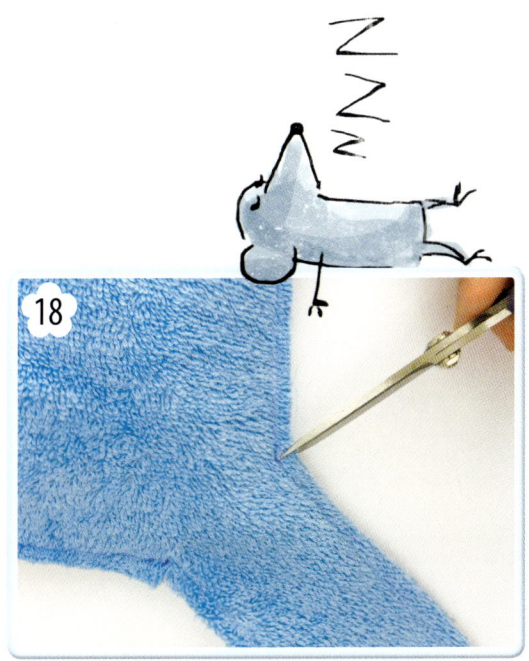

12 **Nahtzugaben:** Zurück- und einschneiden (siehe Seite 8). Kopf wenden.

13 **Kopföffnung einreihen:** Nähe einen Reihfaden von Hand mit Nadel und Faden in großen Vorstichen knapp neben der Kante einmal um die Wendeöffnung des Kopfes herum ein. Lasse die Fadenenden mindestens 10 cm aus dem Stoff herausstehen.

14 **Öffnung raffen:** Ziehe dann die beiden Enden des Fadens zusammen, sodass sich der Stoff über dem Faden dicht zusammenrafft und verknote die Fadenenden.

Körper

15 **Kopf anbringen:** Den Kopf mit der Stirnseite rechts auf rechts auf die Rückseite des Körpers legen und feststecken (die Markierung für den Kopf findest du im Schnittmuster). Nähe den Kopf knapp neben der Stoffkante fest.

16 **Schwanz anbringen:** Den Schwanz auf die rechte Stoffseite des Körpers legen und feststecken (Markierung für den Schwanz findest du im Schnittmuster). Nähe den Schwanz knapp neben der Kante fest.

17 **Körper nähen:** Die Vorder- und Rückseite rechts auf rechts aufeinander legen und feststecken. Nähe den Körper zusammen. Wendeöffnung frei lassen.

18 **Nahtzugaben:** Zurück- und einschneiden. Körper wenden.

19 **Beine:** Die kurzen Beine als Kuschelbeine, die langen Beine als Knotenbeine arbeiten (siehe Seite 10).

20 **Füllen:** Kopf mit Füllwatte stopfen und die Öffnung schließen.

21 **Halstuch:** Nähen (siehe Seite 10) und umbinden.

Max KROKO

Bettrolle | Größe: ca. 140 cm lang| Schwierigkeit: leicht | Schnittmuster 14a-f auf Bogen C

Max Kroko liegt am liebsten den ganzen Tag am Wasser
und entspannt. Er beobachtet seine Freunde und schaut
dem kleinen Nana dabei zu, wie er sich von Ast zu Ast hangelt.
Obwohl er sehr spitze Zähne hat, wissen seine Freunde,
dass er ganz lieber Kerl ist.

Zuschneiden

Alle Schnittteile auf Papier übertragen, ausschneiden und auf
den Stoff übertragen. Anschließend die einzelnen Schnittteile
mit einer Nahtzugabe von 1 cm ausschneiden.

Hinweis: Die Gesamtlänge der Rolle kann durch Hinzufügen
oder Weglassen von Mittelstücken verändert werden.

Material

· Frottee für Kopf, Schwanz und zwei Zacken: 25 x 80 cm
· Frottee für die Kopfunterseite: 15 x 25 cm
· Baumwollstoff für die Mittelstücke und Zacken: 2x je
25 x 50 cm und 1x 25 x 100 cm
· Baumwollstoff in Schwarz für die Augen: 4 x 4 cm
· Vliesofix
· Füll-/Bastelwatte oder Hohlfaser-Kissenfüllung
· Sticktwist in Schwarz
· Nähgarn

Nähen

Gesicht

1 **Applizieren und sticken**: Die Applikationen für Augen vorbereiten und applizieren (siehe Seite 14). Sticke anschließend mit Sticktwist die Augenwimpern auf (siehe Seite 12).

Zacken

2 **Stecken und nähen**: Stecke je zwei gleichfarbige Stoffstücke für die Zacken rechts auf rechts aufeinander und nähe sie zusammen. Nahtzugaben beschneiden (siehe Seite 8) und die Zacken wenden.

Kopf

3 **Abnäher einschneiden**: Die Abnäher mittig einschneiden.

4 **Abnäher schließen**: Abnäherkanten jeweils rechts auf rechts aufeinander legen, feststecken und schließen, dabei die Naht zur Stoffbruchkante hin schmal auslaufen lassen.

5 **Nasenlöcher**: Quer über das Ende des Abnähers mit Sticktwist die Nüstern sticken.

6 **Hinterkopf annähen**: Den Hinterkopf rechts auf rechts auf das Gesicht legen und feststecken. Die Teile zusammennähen. Nahtzugaben zurück- und einschneiden.

7 **Kopf nähen**: Kopfteile rechts auf rechts aufeinander legen und feststecken. Den Kopf zusammennähen. Die Nahtzugaben beschneiden.

Schwanz

8 **Stecken und nähen**: Die Schwanzteile rechts auf rechts aufeinander legen und feststecken. Der Schwanz wird zunächst nur am unteren Rand zusammengenäht, der Rest bleibt offen.

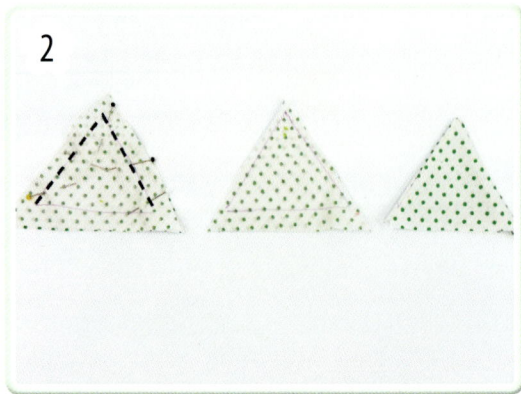

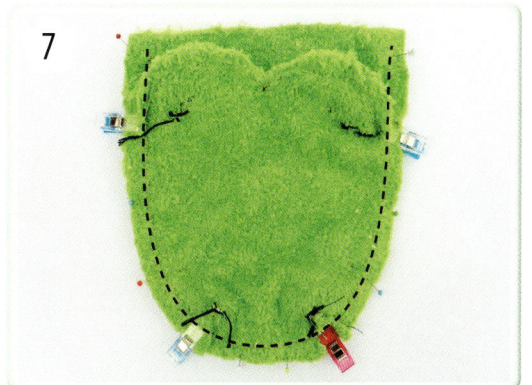

9

11

10

12

13

14

Körper nähen

9 **Körpersegmente:** Je zwei gleichfarbige Stoffstücke für den Körper rechts auf rechts aufeinander legen und feststecken. Nähe die Rechtecke an einer Seite zusammen. Lasse bei einem Segment eine Wende-/Füllöffnung frei.

10 **Stecken und nähen:** Falte die Körpersegmente auf und bügle die Nahtzugabe auseinander. Lege die Körpersegmente in einer Anordnung die dir gefällt nebeneinander. Lege dann immer zwei Segmente rechts auf rechts und nähe sie zum Kroko-Körper zusammen.

11 **Bügeln:** Bügle auch hier jeweils die Nahtzugaben auseinander.

12 **Schwanz anbringen:** Falte den Schwanz auf und lege in rechts auf rechts auf das Ende des Körpers. Stecke Schwanz und Körper fest und nähe beides zusammen.

13 **Zacken anbringen:** Lege die Zacken auf eine der langen Seiten des Körpers (= obere Mitte) und stecke sie fest.

14 **Körper schließen:** Lege die beiden langen Körper-Seiten rechts auf rechts aufeinander, auch der Schwanz wird rechts auf rechts aufeinander gelegt. Nähe die lange Seite sowie den Schwanz zusammen.

15 **Kopf anbringen:** Wende den Kopf und stecke ihn in den Körper hinein, sodass die Oberkopfmitte auf der oberen Körpermitte (= die mit den Zacken) liegt. Stecke Kopfrand und Körperrand aufeinander.

16 **Körper:** Nähe Körper und Kopf zusammen.

17 **Wenden und stopfen:** Den Körper wenden und satt mit Füllwatte füllen. Schließe die Öffnung.

Äffchen NANA

Spieluhr | Größe: ca. 20 x 25 cm | Schwierigkeit: anspruchsvoll | Schnittmuster 15a-h auf Bogen D

Das kleine Äffchen Nana ist ein wirklicher Akrobat.
Er kann die schönsten und schwersten Kunststücke am Baum
vorführen. Seine Zoofreunde jubeln ihm dabei zu. Manchmal
genießt er aber auch einfach nur einen Ritt auf dem Rücken
des Elefanten Emilio.

Material

· Microfaserplüsch für Körper, Rückseite der Ohren, Arme, Beine,
  Schwanz: 35 x 115 cm
· Microfaserplüsch für Hände, Daumen, Bauch und Gesicht: 15 x 110 cm
· Baumwollstoff für die Vorderseite der Ohren: 25 x 10 cm
· Baumwollstoff für Augen und Nase: 4 x 6 cm
· Vliesofix
· Füllwatte/Bastelwatte (waschbar)
· Sticktwist in Schwarz und Weiß
· Nähgarn
· Spieluhr

Zuschneiden

Alle Schnittteile auf Papier übertragen, ausschneiden und auf
den Stoff übertragen. Anschließend die einzelnen Schnittteile
mit einer Nahtzugabe von 1 cm ausschneiden.
Applikationsteile auf das Klebevlies pausen und grob ausschneiden.

Nähen

1 **Applikationen:** Die Applikationen für Bauch und Gesicht sowie Augen und Nase vorbereiten (siehe Seite 14).

2 **Mund:** Sticke den Mund im Rückstich auf das Gesicht, bevor das Gesicht auf den Körper gebügelt und appliziert wird (siehe Seite 12).

3 **Applizieren und sticken:** Zuerst Bauch und Gesicht, dann Augen und Nase auf die Körpervorderseite applizieren. Sticke anschließend die Augenwimpern sowie die Highlights in Augen und Nase.

Ohren

4 **Stecken und nähen:** Je ein seitenrichtiges und ein gegengleiches Teil für die Vorder- und Rückseite der Ohren rechts auf rechts aufeinander legen und feststecken. Nähe die Teile zusammen, die Wendeöffnung bleibt ausgespart. Nahtzugaben beschneiden (siehe Seite 8).

5 **Wenden und falten:** Ohren wenden. Falte den oberen Ohrrand nach vorne um, sodass die Schnittkanten der Wendeöffnung bündig aufeinander liegen. Die Falte knapp neben der Kante festnähen.

Schwanz

6 **Stecken und nähen:** Stecke die Schwanzteile rechts auf rechts aufeinander und nähe sie zusammen.

7 **Wenden:** Wende den Schwanz. Nahtzugaben beschneiden.

Körper

8 **Schwanz anbringen:** Schneide den Abnäher an der Körper-Rückseite mittig ein. Den Schwanz rechts auf rechts an eine Kante des Abnähers stecken.

9 **Abnäher schließen:** Die zweite Abnäher-Kante rechts auf rechts über den Schwanz falten und den Abnäher schließen, dabei die Naht zur Stoffbruchkante hin schräg auslaufen lassen.

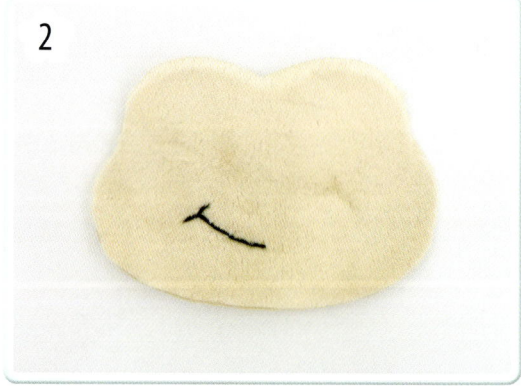

4

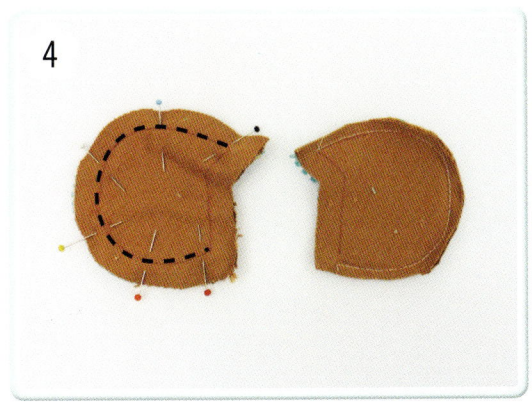

8

5

9

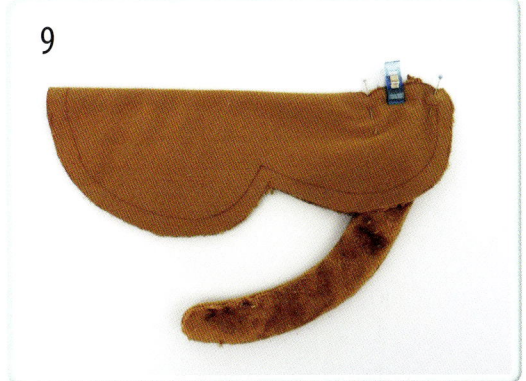

6

7

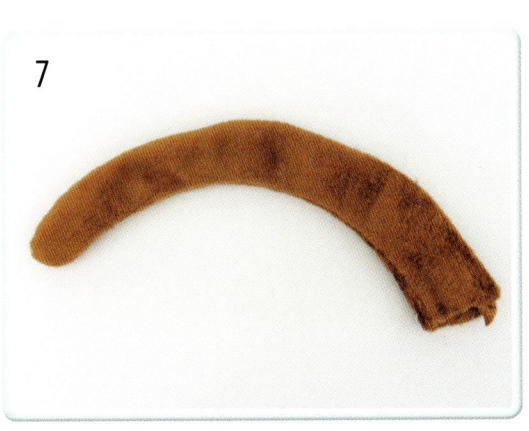

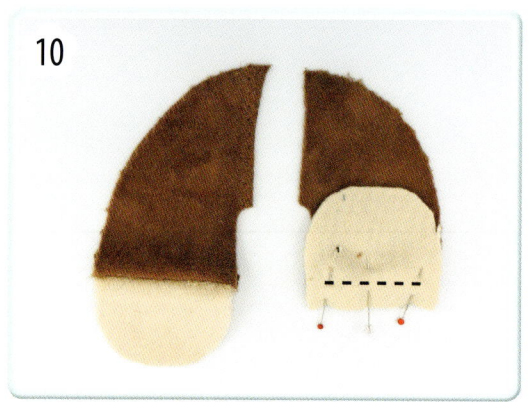

10

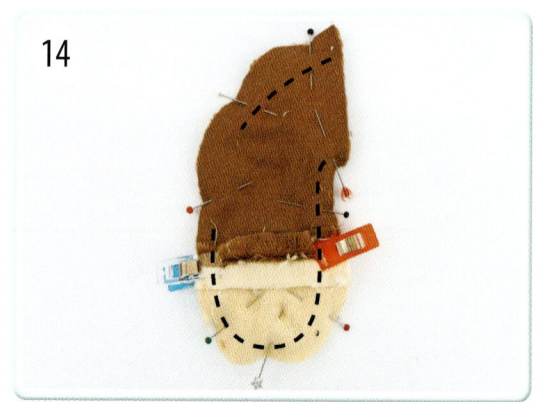

14

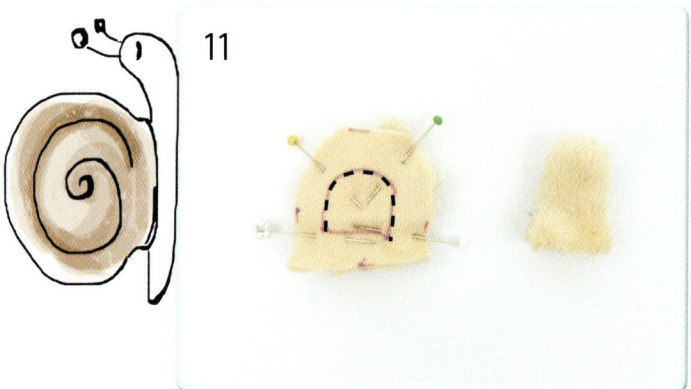

11

15

12

16

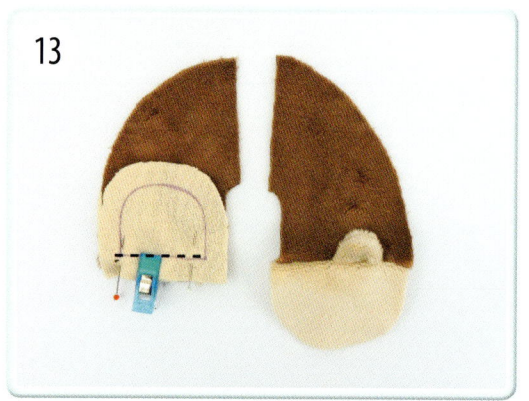

13

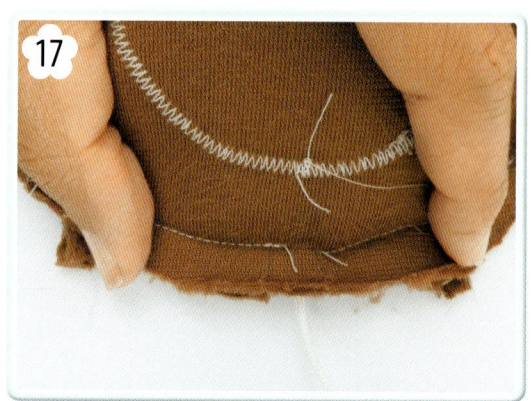

17

Arme/Beine

10 **Rückseite der Arme/Beine nähen:** Je ein Handteil rechts auf rechts auf ein seitenrichtiges und ein spiegelverkehrtes Arm-/Beinteil legen und feststecken. Nähe die Teile zusammen.

11 **Daumen nähen:** Je zwei Daumenteile rechts auf rechts aufeinander legen und feststecken. Nähe die Daumen zusammen, lasse dabei die Wendeöffnung frei. Wende die Daumen.

12 **Vorderseite der Arme/Beine nähen:** Je einen Daumen rechts auf rechts auf ein seitenrichtiges und ein spiegelverkehrtes Arm-/Beinteil legen. Dabei sollte der Daumen bei den Armen an der langen gebogenen Seite (= Außenseite) und bei den Beinen an der kurzen gebogenen Seite (= Innenseite). Stecke den Daumen fest.

13 **Hände:** Je ein Handteil rechts auf rechts auflegen und festnähen.

14 **Arme/Beine nähen:** Vorder- und Rückseite der Arme/Beine rechts auf rechts aufeinander legen und feststecken. Nähe die Vorder- und Rückseite die Arme/Beine zusammen und lasse dabei die Wendeöffnungen und die Füllöffnungen offen. Nahtzugaben beschneiden.

Körper

15 **Ohren, Arme, Beine und Spieluhr anbringen:** Die Ohren, Arme und Beine rechts auf rechts auf die Körper-Vorderseite legen und feststecken. Die Daumenseite der Arme zeigen zum Bauch, die Beine müssen mit der Rückseite auf dem Bauch liegen. Nähe die einzelnen Teile knapp neben der Stoffkante fest. Die Spieluhr aufziehen und – damit die Schnur sich nicht wieder einzieht – eine Stecknadel oberhalb der Dose quer durch die Schnur stecken. Spieluhr auflegen.

16 **Körper nähen:** Die Körperteile rechts auf rechts aufeinander legen und feststecken. Nähe den Körper zusammen, lasse dabei an einer Seite die Wendeöffnung frei.

17 **Spieluhr:** An der Spieluhr-Schnur wird ein kleines Stück der Naht frei gelassen. NICHT über die Schnur nähen. Vor und hinter der Schnur die Naht verriegeln.

18 **Nahtzugaben:** Zurück- und einschneiden (siehe Seite 8).

19 **Wenden und füllen:** Wende den Körper und stopfe ihn mit Füllwatte. Schiebe die Spieluhr mittig in den Körper und polstere sie rundum mit Füllwatte. Öffnung von Hand schließen. Fülle zuletzt die Arme und Beine. Schließe die Öffnungen.

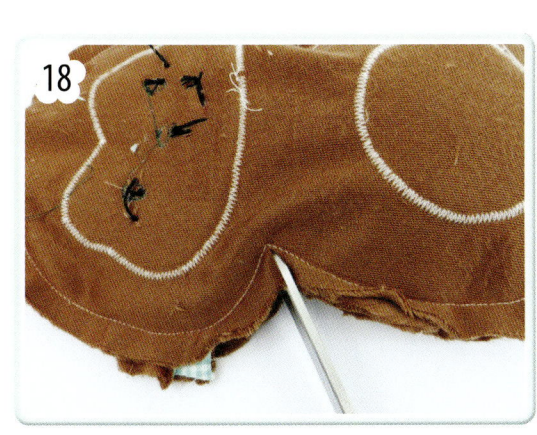

Seerobbe NIKO

Rasseltier | Größe: ca. 20 x 45 | Schwierigkeit: mittel | Schnittmuster 16a-c a und Halstuch S auf Bogen D

Flink und fröhlich flitzt die kleine weiße Seerobbe Niko durch das Wasser. Er liebt es, seinen Freunden witzige Kunststücke und Tricks vorzuführen. Und sie erfreuen sich immer sehr an seinen Späßen. Wer nicht aufpasst, der wird auch mal nass!

Material

· Baumwollplüsch für Rücken und Kopf: 25 x 70 cm
· Nicki für den Bauch: 25 x 40 cm
· Baumwollstoff für das Halstuch: 10 x 75 cm
· Füllwatte/Bastelwatte (waschbar)
· Sticktwist in Schwarz
· Nähgarn
· Rasselball oder Quietscher

Zuschneiden

Alle Schnittteile auf Papier übertragen, ausschneiden und auf den Stoff übertragen. Anschließend die einzelnen Schnittteile mit einer Nahtzugabe von 1 cm ausschneiden.

Gesicht

1 Augen und Schnurrbart sticken: Schnurrbart und Auge jeweils auf die linke Stoffseite der Kopfhälften übertragen und von Hand sticken (siehe Seite 12)

Kopf

2 Kopf-Oberseite: Die Teile für den Oberkopf rechts auf rechts aufeinander legen und feststecken. Nähe den Kopf am oberen Rand zusammen. Beginne und beende die Naht jeweils exakt an den Eckpunkten der Linie.

3 Kopf-Unterseite: Falte den Oberkopf auf. Stecke ein Teil der Kopfunterseite rechts auf rechts an den unteren Rand eines Oberkopfteils. Die Spitze der Kopfunterseite (! hier ist die Spitze der Nahtlinie gemeint, nicht die Spitze der Nahtzugabe) trifft genau auf den letzten Stich in der vorderen Mitte der Oberkopfteile. Nähe — exakt von Eckpunkt zu Eckpunkt — die erste Seite der Kopfunterseite fest.

4 Kopf: Nähe in gleicher Weise das zweite Teil der Kopfunterseite an den unteren Rand des zweiten Oberkopfteils. Zuletzt die Naht der Unterkopfteile schließen, lasse dabei mittig eine Füllöffnung frei.

5 Nahtzugaben: Zurück- und einschneiden (siehe Seite 8).

6 Wenden und reihen: Wende den Kopf. Nähe von Hand einen Reihfaden mit Nadel und Faden in großen Vorstichen knapp neben der Kante einmal um die Wendeöffnung des Kopfes herum ein. Lasse die Fadenenden mindestens 10 cm aus dem Stoff heraussstehen.

7 Kopföffnung raffen: Ziehe dann die beiden Enden des Fadens zusammen, sodass sich der Stoff über dem Faden dicht zusammenrafft und verknote die Fadenenden.

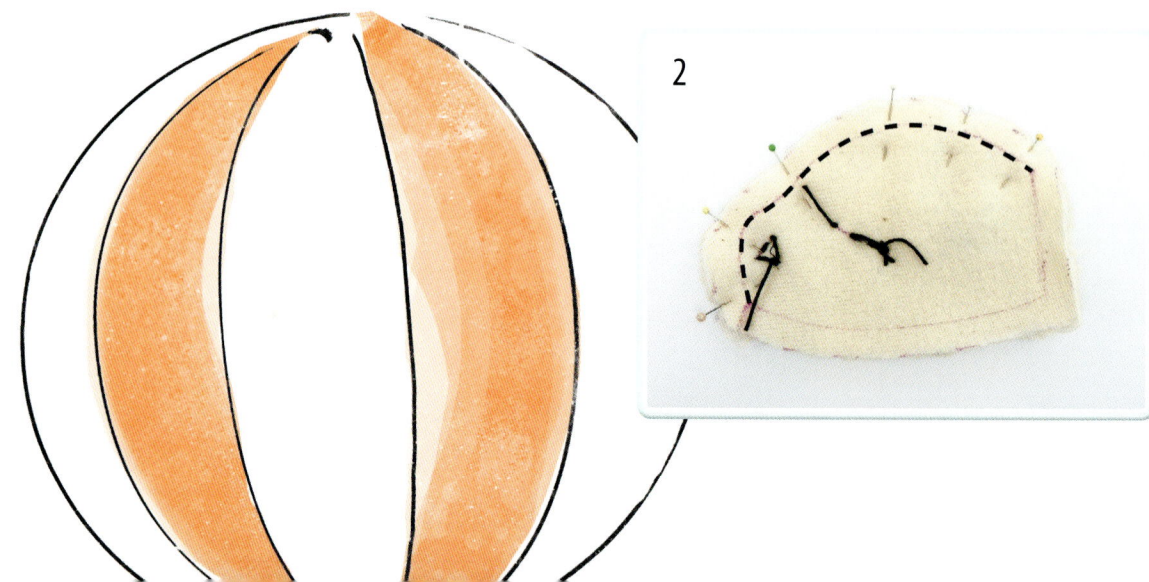

3

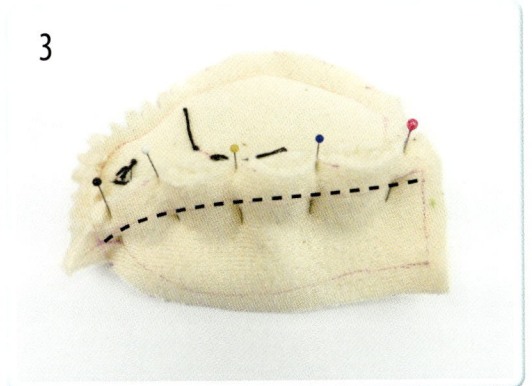

4

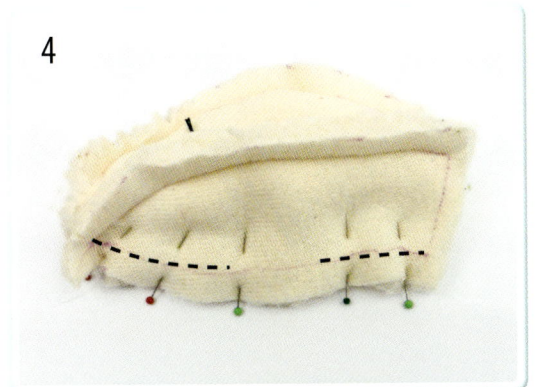

5

6

7

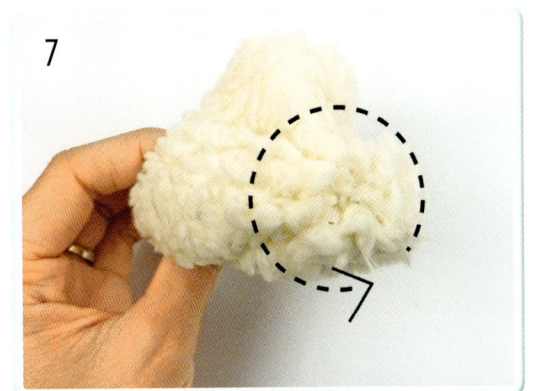

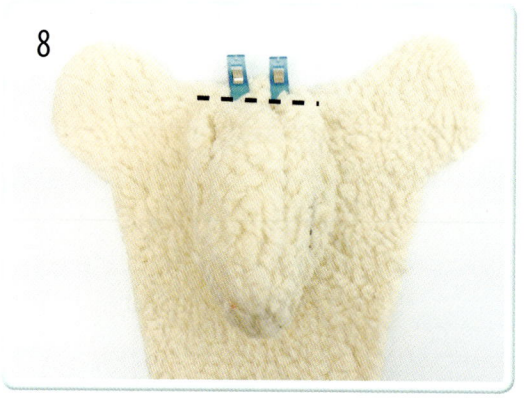

8

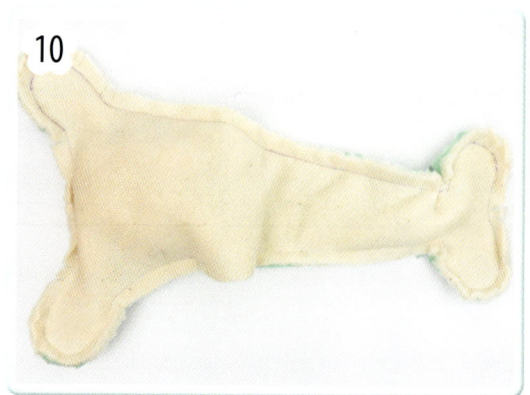

10

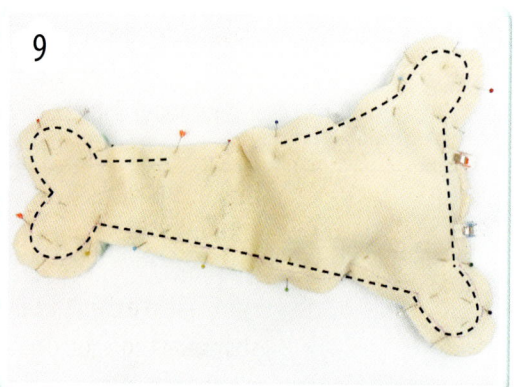

9

11

Körper

8 **Kopf anbringen:** Den Kopf mit der Stirnseite rechts auf rechts auf die Rückseite des Körpers legen und feststecken (die Markierung für den Kopfansatz findest du im Schnittmuster). Nähe den Kopf knapp neben der Stoffkante fest.

9 **Stecken und nähen:** Die Körperhälften rechts auf rechts aufeinander legen und feststecken. Nähe den Körper zusammen, lasse dabei die Wendeöffnung frei.

10 **Nahtzugaben:** Zurück- und einschneiden.

11 **Wenden:** Körper wenden. Den Schwanz oberhalb der Flossen verknoten.

12 **Stopfen:** Stopfe den Kopf durch die Füllöffnung mit Bastelwatte. Lege ggf. den Rasselball/Quietscher ein. Öffnung von Hand schließen.

13 **Flossen:** Die vorderen Flossen, wie bei den Kuschelbeinen auf Seite 10 beschrieben, füllen und abnähen. Schließe die Wendeöffnung am Körper.

14 **Halstuch:** Nähen (siehe Seite 10) und umbinden.

Impressum

Idee, Realisation und Stepfotos: Isabell Zeidler
Fotografie: Florian Bilger Fotodesign
Redaktion: Anna Fischer
Lektorat: A. Reuß
Gesamtgestaltung und Satz: GrafikwerkFreiburg
Repro: RTK & SRS mediagroup GmbH
Printed in Slovenia by Florjancic

Sind Sie mit diesem Titel zufrieden? Dann würden wir uns über Ihre Weiterempfehlung freuen. Erzählen Sie es im Freundeskreis, berichten Sie Ihrem Buchhändler oder bewerten Sie beim Onlinekauf.
Und wenn Sie Kritik, Korrekturen oder Aktualisierungen haben, freuen wir uns über Ihre Nachricht an
Christophorus Verlag, Postfach 40 02 09, 80702 München oder per E-Mail an lektorat@verlagshaus.de.

Unser komplettes Programm finden Sie unter

 www.christophorus-verlag.de

Alle gezeigten Modelle, Illustrationen und Fotos sind urheberrechtlich geschützt. Eine gewerbliche Nutzung ist untersagt. Dies gilt auch für eine Vervielfältigung bzw. Verbreitung über elektronische Medien. Autorin und Verlag haben alle Angaben und Anleitungen mit größtmöglicher Sorgfalt zusammengestellt. Dennoch kann bei Fehlern keinerlei Haftung für direkte oder indirekte Folgen übernommen werden.
Materialien und Projekte können von den jeweiligen Originalen abweichen. Die bildliche Darstellung ist unverbindlich. Sollte dieses Werk Links auf Webseiten Dritter enthalten, so machen wir uns die Inhalte nicht zu eigen und übernehmen für die Inhalte keine Haftung.

Hersteller/Bezugsquellen

- Kurt Frowein GmbH & Co. KG,
  www.kurt-frowein.de
- Traumbeere/DummyDoll GmbH,
  www.traumbeere.de
- Westfalenstoffe AG,
  www.westfalenstoffe.de
- Freudenberg Vliesstoffe SE & Co. KG,
  www.vlieseline.de
- Isabell Zeidler,
  www.monstabella.de

In diesem Buch wird aus Gründen der besseren Lesbarkeit das generische Maskulinum verwendet. Weibliche und anderweitige Geschlechteridentitäten werden dabei ausdrücklich mitgemeint, soweit es für die Aussage erforderlich ist.

Die Deutsche Nationalbibliothek verzeichnet diese Publikation in der Deutschen Nationalbibliografie; detaillierte bibliografische Daten sind im Internet über http://dnb.d-nb.de abrufbar.

© 2021 Christophorus Verlag in der Christian Verlag GmbH
Infanteriestraße 11a
80797 München

Alle Rechte vorbehalten.

ISBN 978-3-8410-6441-7

Kreativ-Service

Sie haben Fragen zu den Büchern und Materialien? Frau Erika Noll ist für Sie da und berät Sie rund um alle Kreativthemen. Rufen Sie an! Wir interessieren uns auch für Ihre eigenen Ideen und Anregungen.
Sie erreichen Frau Noll per E-Mail: mail@kreativ-service.info oder Tel.: +49 (0) 5052 / 91 18 58

Besuchen Sie uns im Internet: www.christophorus-verlag.de